美的胎教

Antenatal Training

徐琪 韩飞杰 丹妮郭
子时老师 卫霄通
著

中国轻工业出版社

图书在版编目（CIP）数据

美的胎教 / 徐琪等著. —北京：中国轻工业出版社，2021.8
ISBN 978-7-5184-3519-7

Ⅰ.①美… Ⅱ.①徐… Ⅲ.①胎教–基本知识 Ⅳ.① G610.8

中国版本图书馆 CIP 数据核字（2021）第 100301 号

责任编辑：段亚珍　王　玲　　责任终审：高惠京　　整体设计：锋尚设计
策划编辑：段亚珍　　　　　　责任校对：晋　洁　　责任监印：张京华

出版发行：中国轻工业出版社（北京东长安街6号，邮编：100740）
印　　刷：北京博海升彩色印刷有限公司
经　　销：各地新华书店
版　　次：2021年8月第1版第1次印刷
开　　本：710×1000　1/16　印张：14
字　　数：300千字
书　　号：ISBN 978-7-5184-3519-7　定价：49.90元
邮购电话：010-65241695
发行电话：010-85119835　传真：85113293
网　　址：http://www.chlip.com.cn
Email：club@chlip.com.cn
如发现图书残缺请与我社邮购联系调换
200410S3X101ZBW

编辑手记

孕妈妈,你好。

当你翻开这本书的时候,你应该已经确认怀孕并开启了胎教旅程。也许你现在正式进入了孕期第5周,也许已经超过这个时间。无论处于孕期第几天,我们都希望你能坚持每天做胎教,这是一段与胎宝宝相处的时光,也是孕期最美的时光。

很多孕妈妈问,应该如何选择胎教的内容?我们推荐你选择美的内容,视觉上美的、语言上美的、情感上美的……美的东西,能够让你放松下来,尽情享受孕期时光。为此,我们特别邀请了5位不同领域的专家和老师,为孕妈妈写了这本书。

徐琪老师毕业于中央美术学院,她每周为孕妈妈推荐一幅经典名画。写这本书时,她正怀着二胎,字里行间充满了深情和母爱。

韩飞杰老师是中学音乐老师,二宝妈妈,她每周为孕妈妈推荐一首乐曲,有钢琴曲、古筝曲、大提琴曲,还有童话乐曲、圆舞曲,甚至还有儿歌,能够极大地缓解孕妈妈的紧张与压力。

子时老师为国内著名的阅读推广人,专门为妈妈们推荐童书,她突发奇想,觉得让孕妈妈在孕期读这些书,不仅能与胎宝宝交流,还能为宝宝出生后的阅读选到好书,一举两得。

丹妮郭老师为中国科学院儿童发展与教育心理学专业硕士在读,同时也是一个7岁孩子的妈妈,她从孕期心理的角度出发,为孕妈妈推荐了许多文学作品。

卫霄通老师是一名影视工作者,也是本书作者中唯一的男性,他从男性的视角、电影的视角为孕妈妈推荐了各种类型的影片,有纪录片、温馨的家庭片、喜剧片、文艺片,甚至还有科幻片。

本书按照孕周的推进,陪伴孕妈妈度过孕期的每一天。你在书中能读到优美的诗句、温暖的画作以及震撼心灵的思考。希望每一位孕妈妈都能健康平安、愉快幸福地度过孕期。

目录

孕早期
——放松下来，消除紧张情绪

第5周

- 文学 第029天 苏轼《海棠》·016
- 影视 第030天 纪录片《子宫日记》·017
- 绘画 第031天 维米尔《戴珍珠耳环的少女》·018
- 音乐 第032~033天 班得瑞《寂静之声》·020
- 绘本 第034~035天 立体书《宝贝，你来了》·021

第6周

- 文学 第036天 秦观《好事近·梦中作》·022
- 影视 第037天 轻喜剧片《孕期完全指导》·023
- 绘画 第038天 弗拉戈纳尔《荡秋千》·024
- 音乐 第039~040天 久石让《夏天》·026
- 绘本 第041~042天 翻翻书《我的情绪小怪兽》·027

第7周

- 文学 第043天 毕淑敏《恰到好处的幸福》· 028
- 影视 第044天 纪录片《我们诞生在中国》· 029
- 绘画 第045天 米勒《晚钟》· 030
- 音乐 第046~047天 理查德·克莱德曼钢琴曲 · 032
- 绘本 第048~049天《我的第一本触摸书》· 033

第8周

- 文学 第050天 卢梅坡《雪梅·其一》· 034
- 影视 第051天 家庭喜剧片《为子搬迁》· 035
- 绘画 第052天 莫奈《日出·印象》· 036
- 音乐 第053~054天 圣-桑《天鹅》· 038
- 绘本 第055~056天 安东尼·布朗《我妈妈》· 039

第9周

- 文学 第057天 诗经《狡童》· 040
- 影视 第058天 秀兰·邓波儿《亮眼睛》· 041
- 绘画 第059天 修拉《大碗岛的星期天下午》· 042
- 音乐 第060~061天 莫扎特《土耳其进行曲》· 044
- 绘本 第062~063天 绘本《猜猜我有多爱你》· 045

第10周

- 文学 第064天 诸葛亮《诫子书》· 046
- 影视 第065天 宫崎骏《龙猫》· 047
- 绘画 第066天 霍贝玛《林荫道》· 048
- 音乐 第067~068天 莫扎特《小星星变奏曲》· 050
- 绘本 第069~070天 《0~3岁成长敏感期启蒙绘本》· 051

第11周

- 文学 第071天 晏殊《清平乐·红笺小字》· 053
- 影视 第072天 励志片《当幸福来敲门》· 054
- 绘画 第073天 梵高《星月夜》· 055
- 音乐 第074~075天 海顿《小夜曲》· 057
- 绘本 第076~077天 世界经典《好饿的毛毛虫》· 058

第12周

- 文学 第078天 苏轼《浣溪沙·咏橘》· 059
- 影视 第079天 喜剧片《阳光小美女》· 060
- 绘画 第080天 张萱《虢国夫人游春图》· 061
- 音乐 第081~082天 舒伯特《圣母颂》· 062
- 绘本 第083~084天 立体书《写给宝宝的世界名著》· 063

孕中期
——胎教最佳时期

第13周

- 文学 第085天 李清照《点绛唇·蹴罢秋千》·066
- 影视 第086天 动画片《美食总动员》·067
- 绘画 第087天 周昉《簪花仕女图》·068
- 音乐 第088~089天 维瓦尔第《四季》·070
- 绘本 第090~091天 发声书《听，谁的音乐会》·071

第14周

- 文学 第092天 老子《道德经》节选·072
- 影视 第093天 温情片《海蒂和爷爷》·073
- 绘画 第094天 塞尚《一篮苹果》·074
- 音乐 第095~096天 古筝曲《春江花月夜》·076
- 绘本 第097~098天 有香味的书《闻闻大自然的味道》·077

第15周

- 文学 第099天 诗经《采葛》·078
- 影视 第100~101天 北野武《菊次郎的夏天》·079
- 绘画 第102~103天 马蒂斯《红色的和谐》·080
- 音乐 第104~105天 古筝曲《渔舟唱晚》·082

第16周

- 影视 第106天 法国片《蝴蝶》·083
- 绘画 第107~108天 梵高《向日葵》·084
- 音乐 第109~110天 约纳森《杜鹃圆舞曲》·086
- 绘本 第111~112天 绘本《万有引力》·087

第17周

- 文学 第113天 毕淑敏《爱的回音壁》·088
- 影视 第114天 全世界最好看的电影之一《中央车站》·089
- 绘画 第115天 扬·凡·艾克《阿尔诺芬尼夫妇像》·090
- 音乐 第116~117天 帕赫贝尔《卡农》·092
- 绘本 第118~119天 宫西达也《好饿的小蛇》·093

第18周

- 文学 第120天 世界经典《小王子》·094
- 影视 第121天 励志片《奇迹男孩》·095
- 绘画 第122天 毕加索《梦》·096
- 音乐 第123~124天 琵琶独奏曲《彝族舞曲》·098
- 绘本 第125~126天 绘本《乌龟一家去看海》·099

第19周

- 文学 第127天 泰戈尔《生如夏花》·100
- 影视 第128天 奥斯卡最佳外语片《天堂电影院》·101
- 绘画 第129天 克里姆特《吻》·102
- 音乐 第130~131天 弗里茨·克莱斯勒小提琴曲·104
- 绘本 第132~133天 绘本《和小鸡球球一起玩》·105

第20周

- 文学 第134天 诗经《鱼藻》·106
- 影视 第135~136天 青春片《怦然心动》·107
- 绘画 第137~138天 安杰利克《受胎告知》·108
- 音乐 第139~140天 莫扎特《小步舞曲》·110

第21周

- 文学 第141天 纪伯伦《致孩子》· 111
- 影视 第142天 视角独特的电影《本杰明·巴顿奇事》· 112
- 绘画 第143天 马奈《吹笛少年》· 113
- 音乐 第144~145天 儿歌《铃儿响叮当》· 115
- 绘本 第146~147天 绘本《袜子小白》· 116

第22周

- 文学 第148天《安徒生童话》· 117
- 影视 第149~150天 法国音乐片《放牛班的春天》· 118
- 绘画 第151~152天 雷诺阿《康达威斯小姐像》· 119
- 音乐 第153~154天 小约翰·斯特劳斯《春之声圆舞曲》· 121

第23周

- 文学 第155天 骆宾王《易水送别》· 122
- 影视 第156天 动画片《疯狂原始人》· 123
- 绘画 第157天 德加《舞蹈教室》· 124
- 音乐 第158~159天 巫娜《荷香淡淡》专辑· 126
- 绘本 第160~161天 英文绘本 My Very First Mother Goose（鹅妈妈童谣）· 127

第24周

文学 第162天 杨炯《夜送赵纵》· 128

影视 第163~164天 科幻片《星际穿越》· 129

绘画 第165~166天 拉斐尔《雅典学院》· 130

音乐 第167~168天 柴可夫斯基《四小天鹅舞曲》· 132

第25周

文学 第169天 李白《清平调·其一》· 133

影视 第170天 青春片《朱诺》· 134

绘画 第171天 维米尔《倒牛奶的女佣人》· 135

音乐 第172~173天 马斯内《沉思》· 137

绘画 第174~175天 绘本《数一数多少个吻》· 138

第26周

文学 第176天 李白《客中行》· 139

影视 第177天 美食片《小森林夏秋篇》· 140

绘画 第178天 老勃鲁盖尔《农民的舞蹈》· 141

音乐 第179~180天 小约翰·施特劳斯《蓝色多瑙河》· 143

绘画 第181~182天 系列洞洞书《猜猜我是谁》· 144

第27周

文学 第183天 杜甫《漫兴·其七》· 145

影视 第184~185天 文艺片《天使爱美丽》· 146

绘画 第186~187天 老勃鲁盖尔《猎归》· 147

音乐 第188~189天 大提琴曲《哀歌》· 149

第28周

文学 第190天 钱起《归雁》· 150

影视 第191天 献给母亲的电影《结婚礼服》· 151

绘画 第192天 波提切利《春》· 152

音乐 第193~194天 班得瑞《春野》专辑 · 154

绘画 第195~196天 绘本《章鱼先生卖雨伞》· 155

孕后期
——让母爱泛滥吧

第29周
- 文学 第197天 高骈《山亭夏日》· 158
- 影视 第198~199天 《城南旧事》· 159
- 绘画 第200~201天 蒙德里安《红黄蓝的构成》· 160
- 音乐 第202~203天 巴达捷芙斯卡《少女的祈祷》· 162

第30周
- 文学 第204天 司马光《客中初夏》· 163
- 影视 第205~206天 爱情喜剧片《一夜大肚》· 164
- 绘画 第207~208天 张择端《清明上河图》· 165
- 音乐 第209~210天 柴可夫斯基《花的圆舞曲》· 167

第31周
- 文学 第211天 苏轼《花影》· 168
- 影视 第212天 科幻片《太空旅客》· 169
- 绘画 第213天 韩滉《五牛图》· 170
- 音乐 第214~215天 贝多芬《致爱丽丝》· 172
- 绘本 第216~217天 官西达也《妈妈的奶》· 173

第32周

- 文学 第218天 郑燮《竹石》·174
- 影视 第219天 爱情圭臬《爱在午夜降临前》·175
- 绘画 第220天 委拉斯凯兹《宫娥》·176
- 音乐 第221~222天 班得瑞《雪之梦》·178
- 绘本 第223~224天 《宝宝视觉激发黑白卡》·179

第33周

- 文学 第225天 范成大《田家》·180
- 影视 第226天 法国喜剧片《一件幸福的事》·181
- 绘画 第227天 梵高《第一步》·182
- 音乐 第228~229天 舒曼《梦幻曲》·184
- 绘本 第230~231天 宫西达也恐龙系列·185

第34周

- 文学 第232天 戴复古《初夏游张园》·186
- 影视 第233~234天 玛丽莲·梦露《热情似火》·187
- 绘画 第235~236天 夏尔丹《午餐前的祈祷》·188
- 音乐 第237~238天 儿歌，我们一起歌唱·190

第35周

- 文学 第239天 赵师秀《有约》·191
- 影视 第240~241天 基努·里维斯《云中漫步》·192
- 绘画 第242~243天 拉斐尔《草地上的圣母》·193
- 音乐 第244~245天 小约翰·施特劳斯《维也纳森林的故事》·195

第36周

- 文学 第246天 范仲淹《渔家傲·秋思》·196
- 影视 第247~248天 《哪吒之魔童降世》·197
- 绘画 第249~250天 夏尔丹《吹肥皂泡的少年》·198
- 音乐 第251~252天 贝多芬《田园》·200

第37周

- 文学 第253天 欧阳修《浪淘沙》· 201
- 影视 第254~255天 经典喜剧《憨豆的黄金周》· 202
- 绘画 第256~257天 莫里索《摇篮》· 203
- 音乐 第258~259天 勃拉姆斯《摇篮曲》· 205

第38周

- 文学 第260天 李之仪《卜算子·我住长江头》· 206
- 影视 第261天 轻喜剧《真爱至上》· 207
- 绘画 第262天 苏汉臣《秋庭戏婴图》· 208
- 音乐 第263~264天 普罗柯菲耶夫《彼得与狼》· 210
- 绘本 第265~266天 《彩虹兔童谣》第二辑 · 211

第39周

- 文学 第267天 晏几道《临江仙·梦后楼台高锁》· 212
- 影视 第268~269天 轻喜剧片《与玛格丽特的午后》· 213
- 绘画 第270~271天 李嵩《货郎图》· 214
- 音乐 第272~273天 古筝曲《高山流水》· 216

第40周

- 文学 第274天 韦庄《与小女》· 217
- 影视 第275天 纪录片《怀胎九月》· 218
- 绘画 第276天 达·芬奇《蒙娜丽莎》· 219
- 音乐 第277~278天 脍炙人口的儿歌 · 221
- 绘本 第279~280天 故事绘本《我们明天见》· 222

孕早期

——放松下来，消除紧张情绪

第5周 第029天 文学

苏轼《海棠》
积极的生活态度

亲爱的孕妈妈、准爸爸，今天你将开启幸福的胎教之旅。在古今中外的文学作品中，很多作品都能为孕妈妈、胎宝宝带来幸福感、甜蜜感。今天推荐一首诗《海棠》，这是北宋文学家苏轼的作品，整首诗虽然语言浅显，却情真意切，表现了诗人积极的生活态度和达观潇洒的胸襟。不妨试着充满感情地读一读吧。

> 东风袅袅泛崇光，
> 香雾空蒙月转廊。
> 只恐夜深花睡去，
> 故烧高烛照红妆。

徐徐的东风把云彩吹开，露出了月亮淡淡的光芒。海棠花的香气，浸润在朦胧的雾中。这时，月光已经穿过了院里的回廊，夜色深了，真害怕海棠花儿睡去，所以我点燃了烛火，再次照亮美丽的花儿，欣赏它们的妩媚娇艳。

在古代的诗歌中，有很多描写花之美的诗句，并且喜欢将其和美人相互比拟，比如"闭月羞花"中的"羞花"说的就是唐代大美人杨玉环。

第5周的胎宝宝

从这周开始，胎宝宝正式进入了胚胎期！胎宝宝的原始血管出现了，而且出现了搏动。什么？小心脏也开始跳动啦？没错，还能泵血呢！与此同时，为胎宝宝输送营养和氧气的胎盘，已经开足马力工作喽！

第5周
第030天 影视

纪录片《子宫日记》
完整记录了从受精卵到婴儿的全部过程

我想每一位女性得知怀孕的那一刻，心情都会很复杂，有兴奋，有激动，有紧张……今天，我为你推荐一部纪录片《子宫日记》，你可以暂时放下这些复杂情绪，来科学地认识一下怀孕这件事。

这部由美国国家地理频道推出的纪录片《子宫日记》，利用最新一代的4D动态立体扫描技术，展现了从未被眼睛看到的"子宫"世界。

这部纪录片完整地记录了一个小女孩如何从子宫内的受精卵开始，成长为一个完整意义上的人的全部过程。卵子受精变成受精卵，在输卵管中分裂，在子宫壁上着床，细胞又分裂成为胚胎，再继续分裂变成生命维持系统，再到头和脊椎神经的形成，到头部成形，到眼睛出现，到四肢出现，到嘴唇成形，再到手脚能伸缩，开始喝羊水、排泄等所有人类的肢体行为，微笑、哈欠、吃手，甚至是做梦，都非常鲜明地展现了出来。

纪录片中介绍了非常多的常识。

"在怀孕的前30天，只有1.5%的基因决定我们成为人类。人类有98.5%的DNA与黑猩猩完全相同，75%与狗相同，50%与果蝇相同，33%与水仙相同。

"眼睛是5个月时就能成形的器官，但视觉要等到他出生后才能发育成熟。因为子宫中太黑暗了。

"孕妇站着、坐着或蹲着分娩，可能会减轻生产的痛苦。上述姿势还能加速分娩的第一阶段，减少医疗介入或剖腹的可能性。仰卧是最糟糕的姿势。"

片中展现了人的成长过程，会震撼我们的灵魂。看完这个系列的纪录片之后，我们会对人生有新的认识。这个世界上最精妙的是人本身，而母亲是世界上最伟大的人。

第5周 第031天 绘画

维米尔《戴珍珠耳环的少女》
恬静而唯美

孕妈妈,你好,欢迎你开启绘画胎教旅程。

今天为你介绍的是荷兰著名画家约翰内斯·维米尔于1665年创作完成的一幅油画作品,被誉为"荷兰的蒙娜丽莎",现藏于荷兰海牙莫瑞泰斯皇家美术馆。

作为17世纪荷兰风俗画的代表画家,维米尔的作品通常表现的都是荷兰市民的普通日常生活,画面呈现出一丝宁静感和诗意美。我们在观看的时候会有充分的想象空间。

这件作品描绘了一位身穿棕色衣服,头戴黄蓝色头巾,脸部侧向画外,似笑非笑,眼神若有所思的少女。画面恬静、淡然,女孩惊鸿一瞥的回眸仿佛使时间停止,让人沉浸在无尽的想象之中。画作背景为黑色,这与女孩的整体轮廓形成了鲜明的对比,凸显出了女孩形象的整体感与立体感。维米尔不仅是色彩高手,还是用光大师。柠檬黄与海蓝色的头巾,奠定了画作静谧、和谐的基调。少女明亮的双眸、淡红的嘴唇、闪烁的珍珠耳环及白色的领口,点亮了整幅画作,使之成为一个鲜活的整体。

珍珠耳环是整幅画作的点睛之处,正是通过它,画面的明暗关系才过渡得自然、柔和、顺滑。同时,珍珠往往象征贞洁,通过珍珠进一步彰显出女孩的纯洁感。据说,女孩的形象由维米尔参照其14岁的大女儿创作而来。由于维米尔笔触的细腻准确,使得女孩形象更加鲜活,更富生命力。这也成就了此作的经典性与永恒性。

班得瑞《寂静之声》
一起倾听大自然的声音

新生命的到来，令每个家庭成员都满怀喜悦和期待，也意味着孕妈妈开始拥有了新的身份——"母亲"。

然而，新生命到来的幸福感抵不上怀孕过程的艰辛。孕早期，妈妈的身体和情绪会有很大的变化。身体上会出现乏力、嗜睡、孕吐等症状；情绪上波动更为明显，经常会很失落、紧张不已，甚至会无故流泪，还会如火山爆发般发火动气。我们都知道这些不良情绪会影响胎儿的发育。这时，要做的是避免压抑自己，可以去听一些使自己心情放松的乐曲，调节这些早孕反应。

班得瑞是瑞士音乐公司（Audio Video Communications AG，简称AVC）旗下的一个音乐项目，作品以环境音乐为主。音乐曲调清新、宁静、唯美，会将孕妈妈代入美妙、舒服的大自然中。《寂静之声》是班得瑞的经典之作。

让我们跟随美妙音乐一起走进辽阔的大自然吧。

早上起床后，打开音乐，伴着鸟鸣之声，一缕清晨的阳光洒在身上很是温馨。仿佛闻到淡淡花香，使人心情舒适而欢悦，迎接新一天的到来。

整首乐曲由钢琴和苏格兰风笛演奏，充满一种幻觉般意境，采撷于大自然的音符滋润着心灵。静静地欣赏，仿佛置身于绿色森林之中，站立在辽阔平原之上。用心聆听，复杂而浮躁的情绪会随之安静下来。

次段开始，远离喧嚣的人群，独自走着，渐渐远去，前面像是没有尽头的天际。欣慰的是有山川河流、万顷草木、鸟语花香等自然之声做伴。

立体书《宝贝，你来了》
重现宝宝在妈妈肚子里每个月的成长变化

恭喜你，和我一样晋升到孕妈妈的行列，为了让你了解这个小生命在身体里的成长变化，接下来我给你推荐一本漂亮又好玩的绘本，名叫《宝贝，你来了》（中国环境出版社）。

这本绘本由西班牙知名作家、艺术家、语言学和人文学博士、大学文学系教授玛丽特希利·马尔蒂和丈夫希雅威尔·萨鲁莫共同创作。

这部作品的创作灵感来源于创作者第一次为人父母的经历。当他们第一次看到宝宝的超声波影像时，十分感动。他们问自己，能不能重现出宝宝在妈妈肚子里每个月的成长变化呢？然后，这本书就诞生了，用了一年半时间完成。

震撼唯美的立体画面，浪漫暖心的诗意文字，完美地诠释了生命的最初九个月！独特的装帧设计工艺，让这本立体书看起来更像艺术品，里边记录了每位父母都为之动容的孕育过程，每个家庭都应该拥有。

我之所以最先推荐这本书，是想给你希望、信心和鼓励。你要相信，怀胎十月，你会孕育出一个健康、聪明、漂亮帅气的宝贝。同时，经过学习，你也会成为一位美丽、优雅、智慧的妈妈。在孕期阅读完之后，等宝宝一岁后还可以亲子共读。

秦观《好事近·梦中作》
怡然自得的情感抒发

词是一种音乐文学,读起来韵律感十足,特别适合作为胎教素材。今天为孕妈妈介绍一首宋词,叫《好事近·梦中作》,作者是北宋文学家、婉约派词人秦观。

春路雨添花,花动一山春色。行到小溪深处,有黄鹂千百。
飞云当面化龙蛇,天矫转空碧。醉卧古藤阴下,了不知南北。

题中的"好事近"可不是咱们理解的好事将近哦,只是个词牌名而已。其实,这个作品的内容是作者的一个梦境。

春雨纷纷,鲜花盛开,春雨滋润着花朵,花朵为整座山增添明丽的春色。顺着山间的小溪走入大山深处,忽然听见成百上千的黄鹂在这里啼鸣,莞尔动听。

天上飘过的云彩,不断变换着形状,就像舞动的龙蛇一般。不一会儿,又万里无云,碧空如洗。梦中的自己喝得酩酊大醉,正躺在古藤的阴凉处,怡然自得,管它什么东西南北。

你也不妨找个小本本,把自己的梦记下来,给它起个好玩的名字,比如孕期梦游记,既能抒发情感,又能留下记忆,想想还真是一件有趣又有意义的事呢!

第6周的胎宝宝

在这一周,胚胎快速地成长,形状像个小蚕豆。这个时候,小蚕豆上出现了两个黑色的小点,那就是宝宝将来的眼睛;还有个小的空洞,那是宝宝的鼻孔!这一周,为了宝宝,继续加油,加强营养,适度锻炼,稳定情绪。

第6周
第037天 影视

轻喜剧片《孕期完全指导》

轻松搞笑，笑中带泪

《孕期完全指导》是一部轻喜剧电影，由柯克·琼斯执导，卡梅隆·迪亚茨、詹妮弗·洛佩兹、伊丽莎白·班克斯、安娜·肯德里克等主演。

影片改编自海蒂·麦考夫的同名孕期指南读物。这本读物是纽约畅销书排行榜上的常客，被美国媒体和读者称为"怀孕圣经"，写的是作者本人怀孕期的经历。改编成电影时增加了许多生活化的故事细节。

孕期是个过程，是婚姻中最有趣的一段时间，但也有各种可能性。尤其是现代女性，在快节奏的生活中，孕育一个小生命是一件考验人的事，不仅容易焦虑，生活还会变得戏剧化，苦乐参半。本片就讲了五对情侣的五个故事。

健康专家朱而斯和搭档伊万未婚先孕，这对两人来说是个没来得及准备的事。

加里和温蒂，两人从认识开始，一起喝咖啡，一起去餐馆吃饭，按部就班。温蒂发现怀孕并没有那么美好，激素的紊乱让她不堪重负。

马可和罗茜都是经营快餐车的个体户，两人在同一个地方开设快餐车，不可避免地产生了竞争。不是冤家不聚头，两人在互损的过程中逐渐擦出了火花，意外怀孕让他们重新思考作为父母的责任。

摄影师霍莉只想领养孩子而不是自己生育，丈夫亚历克斯却对此有所犹豫。

生活中每一件大事都会牵扯到一大堆问题出现，比如孩子要取什么名字、是否要买房子以及孩子的教育等，这些问题都在影片中有所表现。

通常的喜剧片会以喜剧笑料为主，但这一部电影在喜剧中加入了很多感情的元素。因为涉及生活中的苦乐，笑中带泪式的故事讲述方式，令观众从搞笑中转换到投入感情，是本片值得欣赏的地方。推荐给孕妈妈看。

第6周
第038天 绘画

弗拉戈纳尔《荡秋千》
得知怀孕后，是不是心情也荡漾了呢

　　这是法国画家让·奥雷诺·弗拉戈纳尔创作于1767年的油画作品，是洛可可艺术风格的典型代表作之一。洛可可艺术风格形成于18世纪中期法国国王路易十五时期，以描绘宫廷贵族生活的纵情与享乐为主。

　　秋千是大部分人都喜欢的一种游乐设施，古今中外很多画作中都有描绘荡秋千的场景，有天真烂漫的孩童，有豆蔻年华的少女，而这幅《荡秋千》则描绘了一对贵族夫妇在密林中游戏玩耍的情景。年轻的女子穿着华丽的衣服正在荡秋千，她故意将鞋子踢往高处，而贵族则躺在花丛中，向上欣赏女子俏皮的模样。女子的动作轻盈、欢快，仆人则处在画作的阴影中，手推着秋千，望着年轻的夫妇开心地玩耍。画作中人物浓妆淡抹，衣饰浮华，极具贵族气质。整幅画作笔触细腻，构图饱满，充满流动感，极富表现力。

　　年轻的女子居于画作正中的位置，高光手法描绘的粉色衣服点亮了整幅画作，使其成为焦点与中心，让孕妈妈沉浸在女子与贵族互动的状态中，通过明丽的色彩、欢快的基调，感受画中人物的欢乐与嬉戏，获得身心愉悦之感。

第6周
第039~040天 音乐

久石让《夏天》
让我们随音乐而动吧

　　孕早期，对于胎宝宝而言是较为脆弱的时期，所以，孕妈妈的一举一动都要格外谨慎而小心。做事情切记动作幅度要减小，建议不要外出旅行，确保胎宝宝可以安全发育。

　　孕6周时，孕吐、食欲不振等早孕反应也开始随之而来。当然早孕反应也是因人而异。不过，最值得高兴的是，在这个时期胎宝宝会长出小小的胎心，孕妈妈身体里有两颗跳动的心，满满的幸福感。

　　《夏天》是音乐创作人久石让创作而成，此作品像是天然的璞玉，不曾添加任何的雕饰，运用的和声虽简单却不失完美，非常吸引人。

　　打开音乐就可以听到欢快的前奏音乐，好像眼前看到一位穿着漂亮裙子的小女孩在跳着快乐的舞步。如此充满跳跃感的音乐，可以让孕妈妈烦躁不安的心情变得开朗起来，也许还能增加孕妈妈的食欲。

　　接着，清新而轻柔的主旋律既流畅又充满灵动感，紧张焦虑感也随着音乐哼唱得以缓解和调适。

翻翻书《我的情绪小怪兽》
学会接纳自己的情绪

这一周,孕妈妈的妊娠反应可能会越来越明显,有些人的体重也会稍有下降,孕妈妈可以多备一些有营养的零食,避免饿肚子;同时零食可以帮你缓解负面情绪,这期间尽量保持心情愉悦,有助于胎宝宝的健康成长。孕妈妈保持愉悦的心情,宝宝出生后性格也会非常好噢!当然,如果实在控制不住,也不要自责,因为这种情绪很快就会过去的,前提是要接纳自己的情绪,接下来我就要给你介绍一本和情绪有关的绘本——《我的情绪小怪兽》(乐乐趣童书)。

这本书的作者为西班牙的安娜·纳耶斯,该书已被翻译成法语、德语、意大利语等十多种语言,深受世界各地小读者喜爱。这本书围绕一只由红色、黄色、绿色、蓝色和黑色混合而成的小怪兽展开,黄色代表快乐,蓝色代表忧伤,红色代表愤怒,绿色代表平静,黑色代表害怕,故事的结尾,小怪兽变成了粉红色,这又是哪一种情绪呢?给孩子们留下无尽的想象空间。线条分明的简笔画,明快温暖的涂鸦颜色,直观的3D立体场景,童真质朴的绘本语言,把抽象的情绪概念变换成呆萌可爱的情绪小怪兽,告诉孩子们什么是快乐、忧伤、愤怒……学会情绪表达,做最真实的自己。

如果宝宝出生后用哭闹、打人的方式表达情绪,请你试着去了解他行为背后的真实表达,理解他,并且帮助他接纳自己的情绪、化解自己的情绪。

之所以在孕期为孕妈妈推荐本书,就是请孕妈妈提前做好功课,等宝宝出生后就能游刃有余地处理宝宝的情绪问题。宝宝出生后,一周岁左右时,你就可以和他一起阅读啦。

毕淑敏《恰到好处的幸福》

长长的路，我们慢慢地走……

说到幸福感，不由得想起毕淑敏的一本散文集——《恰到好处的幸福》。"深深的话，我们浅浅地说；长长的路，我们慢慢地走。"第一次捧起这本散文集时，我的心一下子就被封面上的这句话俘获了。当我打开这本书的时候，那种久违的内心的平静，慢慢地融入了我的血液里。

这是一本充满温暖和力量的文学作品。我们在生活中，往往因为各种压力、各种烦恼，而忘了生活的美好，没有一点幸福的感觉。其实，当我们试着活得豁达一点，淡然一些，幸福感就会悄悄地来临。纵有广厦千间，晚上只需一床安宿而已；纵有万亩良田，一日只需三餐罢了。

幸福是一种人生体验，就像今天的你，静静地守候着宝宝，从胚胎长成胎儿，再从胎儿发育成呱呱坠地的小婴儿，体验孕育生命的惊喜，感受即将为人母的幸福。

毕淑敏的散文质朴真诚，诉说的是对世界的惊奇，对生命刻骨铭心的感悟，对生活始终不变的热爱。

> **第7周的胎宝宝**
>
> 胎宝宝马上就长到第7周啦，虽然还没有发育成形，但是已经有了胎芽和胎心搏动。这个时间，可以去医院做一次B超检查，确认胎宝宝安然无恙的同时，你也可以亲眼见见胎宝宝的"小可爱"模样，一个2厘米左右的孕囊，足以增加你的幸福感。

纪录片《我们诞生在中国》
亲子关系的投射与共鸣

不仅仅是人类，很多动物都是以家庭为单位来维持生存的，生存的核心是生育、养育。当我们说起野生动物的时候，意味着它们是独立的，它们要靠自己寻找食物和栖息地，保证自身生存安全。更重要的是，所有人都应该看看它们如何养育孩子，并由此反观我们自身。

《我们诞生在中国》是由中国、美国、英国联合拍摄的动物纪录片，导演陆川，中文解说周迅。

在四季更迭中，动物一直在跟恶劣的生存环境对抗。"在回家的路上，小羚羊追随着母亲的气味，一路跟随。这队踏上归途的母子大军虽然庞大，但是它们亲密无间，密不可分"。这段解说词出现在藏羚羊迁徙的路上，羊群的周围有狼出没。但这一段话特别符合动物在大自然的处境以及它们的群体氛围。

该片主要讲述了生长在中国的藏羚羊、大熊猫、雪豹、金丝猴、丹顶鹤等几种濒危野生动物的家庭。在中国四川的竹林深处，大熊猫丫丫每天都要耐心地照看自己的宝贝女儿美美；生活在高原的雪豹达娃面对恶劣的生存环境，面对难以对付的牦牛，达娃自己遭受重创，而它的两个孩子还得继续面对大雪降临的峡谷；小金丝猴淘淘因为家庭矛盾而离家出走。在中国有特别象征意味的丹顶鹤也在片中出现。

虽说是纪录片，但是其中也有一些剪辑编排的成分。本片最大的特色是周迅富有特色的声音很有代入感，她的解说以及解说词为纪录片增添了许多温情。这是对我们人类自身和动物的一种情感的关照，同时能让观众产生更多联想和情感共鸣。

米勒《晚钟》

用虔诚态度感受每一天的生活

今天为孕妈妈推荐的是19世纪中叶法国现实主义画家让·弗朗索瓦·米勒创作的一幅油画作品，完成于1859年，也被称为《晚祷》，现藏于法国巴黎卢浮宫。米勒的作品，不仅充满了对法国农村生活的喜爱之情，更饱含对农民劳动者的怜爱之意。

画面描绘了法国北部地区一个深秋的黄昏，一对夫妇站在一望无垠的田野上虔诚祈祷的情景。远处落日的余晖，天空中盘旋的飞鸟，预示着忙碌的一天即将过去，又到了归家的时刻。

铁叉直立在土地上，女子身前地上的提篮中盛放着土豆，身后的手推车上摆满了已经捆扎好的麻袋，暗示了夫妻二人在此处干了一天的农活。田野的远处耸立着一座模糊的教堂。夕阳西下，晚祷的钟声从远方悠悠传来，夫妇俩停下手中的农活，男子低头望着脚下，女子则低下头，双手合十放于胸前，认真而又虔诚地进行祈祷，祈求上帝的赐福和召唤。

米勒如实地描绘了法国乡村生活的场景，整幅画作以灰色为色彩基调，但并没有压抑之意，反而给人宁静、祥和之感。欣赏这件作品时，其干净与空灵，仿佛能够洗涤身心、净化灵魂，使人沉浸于虔诚的祈祷中，暂时忘却生活的贫苦和内心的苦恼。

虔诚与敬畏应该是我们对生活、对生命的态度，用一颗包容的心迎接每一天，用一颗慈爱的心善待每一个生命。

理查德·克莱德曼钢琴曲

带领我们走进辉煌的音乐大世界中

孕早期，孕妈妈的体型和体重看不出什么变化。但由于妊娠反应，有的孕妈妈体重会减轻些，不要过于担心哦，这都是属于正常的。

孕妈妈从本周开始变得很乏力、慵懒，常有昏昏欲睡的感觉。孕吐和情绪波动也更为剧烈，所以，孕妈妈的整个精神状态极其不佳。然而，胎宝宝此时正在发育面部的五官。孕妈妈的自身情绪可以通过神经递质作用，直接影响宝宝大脑和腭部的发育。音乐胎教则能帮助孕妈妈改善不良的情绪，进而带给胎宝宝正面影响。

钢琴家理查德·克莱德曼是一位法国钢琴艺术家，他创作的作品以古典音乐为基础，又与现代音乐融为一体。乐曲的风格优雅、辉煌而亲切、朴实，和声简洁流畅，像是一幅充满诗情画意的山水风景画，不知不觉带人陶醉沉迷其中，让人心情舒畅。

《献给爱丽丝》《梦中的鸟》《星星小夜曲》等都是在我国广为流传的乐曲，优美的旋律让人心旷神怡。琴音响起，典雅、明媚如春的音乐直达心底。浪漫与极富激情梦想的琴音令人心醉，孕早期的妊娠反应似乎都减轻了。

第7周
第048~049天 绘本

《我的第一本触摸书》
大声朗读英文绘本

　　由于体内产生大量的黄体酮和松弛素，孕妈妈可能会出现消化不良、烧心等症状，可以准备一杯柠檬水，以减轻孕吐反应。值得高兴的一件事是宝宝在孕妈妈的肚子里已经开始有了触觉，还会时不时摸摸自己的小脸，说不定还会思考呢。所以，从让自己舒缓放松的角度出发，孕妈妈应为自己和胎宝宝创造一个清新舒适的环境，将可以看到、听到、闻到、触摸到的地方都要布置得舒适清新，宝宝出生后也要给他提供五感的学习环境，这样可以促进他的大脑神经元连接的发育，有利于宝宝能力的全方位发展。接下来介绍的就属于触摸类绘本，名叫《我的第一本触摸书》。

　　这是一本进口全英文绘本，由凯迪克童书代理，创作者来自英国。孕妈妈在阅读时可以大声念出来，并轻轻触摸图书。

　　在宝宝出生后的头三年是语言输入的黄金时期，如果中英文都以母语浸入式教学方法同时进行，那宝宝就能学会两门语言。我建议孕妈妈在孕期多选择一些进口全英文绘本。宝宝四个月的时候就可以开始阅读这本绘本，爸爸妈妈可以带着宝宝的小手进行各种材质的触摸，能够大大促进宝宝触摸神经的发育。这本书用各种材质装订而成，能促进宝宝手部精细动作、触感以及审美和认知能力。这本触摸书采用环保印刷，就算宝宝口欲期吃书、啃书也很安全的。

卢梅坡《雪梅·其一》
咏梅赏雪，怡然自得

古代诗人中，有一些非常擅长写植物，喜欢咏花，尤其是梅花。宋代的卢梅坡就是一位，来欣赏一下这首《雪梅·其一》吧。

> 梅雪争春未肯降，
> 骚人阁笔费评章。
> 梅须逊雪三分白，
> 雪却输梅一段香。

梅花和雪花都认为自己占尽了早春之色，谁也不肯服输。诗人这下为难了，不得不放下笔，因为不知如何评价才算公正。思量再三，诗人得出这样的评判：从姿色来看，雪花比梅花洁白透亮；从气味来说，梅花比雪花淡雅清香。

读完这首诗后，你有什么感想呢？尤其是最后两句：梅须逊雪三分白，雪却输梅一段香。我们是不是可以获得这样的启示：在社会生活中，一个人不仅要看到自己的长处，也要看到别人的长处，更难能可贵的是还要看到自己不如别人的地方，从而更加激励自己，不断学习，不断成长。

第8周的胎宝宝

第8周，胎宝宝已经有鼻子有眼了，还有小耳朵和小嘴巴，此外，大部分内脏器官已经基本长成喽！肠道开始在脐带的地方形成。而且呀，这个小家伙能在你的肚子里活动了。伸出你的手，比画一个2厘米左右的"小人儿"，是不是萌到家啦！

家庭喜剧片《为子搬迁》
为孩子寻找美好的生活环境

《为子搬迁》是一部美国家庭喜剧片。

该片讲述了一对年轻的夫妇想为即将到来的孩子寻找一个美好的生活环境，在美国各地寻找家园的故事。

电影一开始，妻子泰桑特早上醒来问丈夫法兰德在做什么，这个即将做父亲的男人对妻子说："我很想做那种会用木头做东西的父亲"。这一句台词能让观众有一个明显的感受，就是这个年轻人在怀念老一辈的生活氛围。在电影结尾的时候，观众会发现，人物的这个表达和整个故事的结尾是相呼应的。

泰桑特原本想把法兰德父母的家作为孩子生活的地方，但是父母告诉他们，老两口已经计划了很久，决定卖掉房子去旅行。

无奈，两人又去了好几个地方寻找家园，试图找一个感觉好的地方。第一次，他们去了凤凰城，泰桑特以前的上司居住在那里，但是她发现这个上司和自己的丈夫貌合神离。第二次，他们去了亚利桑那州，见到了泰桑特的妹妹，但是他们发现这个妹妹是看不见幸福在身边的人。第三次，他们去了威斯康星州，见到了法兰德的表妹，也就是艾伦夫妇，没想到围绕一个婴儿车的问题，两对夫妇互相讽刺。第四次，他们去了蒙特利尔，见到了蒙克夫妇，法兰德的大学同学。这对夫妇是好人，收养了很多孩子，但却保不住他们自己的孩子。就在法兰德和泰桑特来之前，这对夫妇经历了第五次流产。最后一站，两人去了法兰德的哥哥家，这个家庭也因为夫妻争吵给孩子带来了无数的伤害。最终，充满失望、结束寻找的两人回到了维罗纳的老家。在那里，对小时候的回忆帮助他们开始去建立自己想要的家。

本片导演门德斯擅长家庭情感题材，有很多脍炙人口的佳作，本片是他又一部探讨家庭生活的电影。影像的质感体现在细节处，例如两人开始寻找之旅时，飞机像鱼一样在窗玻璃上划出优美的弧线，就像海豚在大海里不断地冒出水面又落下水去。

第8周 第052天 绘画

莫奈《日出·印象》
初升的太阳总是充满希望

　　这是法国印象派画家克劳德·莫奈创作于1872年的一幅油画作品，描绘的是法国第二大港口——勒阿弗尔港日出时分的场景。现藏于法国巴黎马尔莫坦美术馆。

　　印象派最大的风格特点在于不追求细腻逼真的写实技法，而在于注重画面的色彩关系和外光的表现，通过不同的笔触展现出各种光线折射下的外观轮廓。《日出·印象》描绘了晨雾笼罩中的港口景象：一抹圆形的红日正在冉冉升起，由于晨雾及光线的折射作用，在水平面上留下了虚拟而朦胧的映像。长短不一的笔触迅速勾画出水面的波光荡漾之感。三只若隐若现的小船以及远处隐约可见的烟囱、吊车，点明了画作描绘的地点……这一切将日出时分法国港口城市的景象展现在了观众的眼前。

　　莫奈利用光的运动与变化营造出变幻无穷的外观，追求一种意境美和朦胧美。在这幅画中，构图关系和明暗关系都不重要，最重要的是色彩关系，在日光照耀下，大自然的无穷景象逐渐变得变幻与飘忽，轻快的笔触与光线的运动，展现了迷人的景色。这一切使此作品成为印象派的开山之作，莫奈也被认为是第一个采用外光技法进行绘画的印象派大师。

　　一轮初升的太阳，如同婴儿般充满希望和朝气，给人带来无限动力！

第8周 第053~054天 音乐

圣-桑《天鹅》
让心灵得到音乐的洗礼

目前，胎宝宝正在迅速发育，孕妈妈受妊娠反应的影响，可能会出现睡眠质量下降、情绪失控的现象。

音乐是调节情绪的一副良药，也是胎教中必不可少的方法之一。

《天鹅》是一首温柔、优雅的大提琴曲，它出自圣-桑的管弦乐《动物狂欢节》，也曾被改编为芭蕾舞剧《天鹅之死》。乐曲是由单主题发展而成三部曲式的结构。

乐曲开始是清澈的琶音和弦，由钢琴简洁而清晰地奏出，犹如碧绿的水波荡漾。眼前浮现出一片美丽的湖泊，温暖的阳光洒在波光粼粼的湖面上。大提琴主旋律进入，仿佛看到一只高贵优雅、洁白无瑕的天鹅缓缓在湖面上安静悠游的景象，纤长的美颈和婀娜的身姿与湖水中的倒影相映成趣。天鹅偶尔舒展身躯，伸展翅膀轻轻地拍打，享受着万物的一切美好。

全曲结构严谨、风格浪漫而清新，力度强弱有致，勾勒出无穷的遐想，使心灵得以洗礼。静静地聆听，复杂而烦躁的心情顿时得到解脱，可使人安心宁静地进入美梦之中。

第8周
第055~056天
绘本

安东尼·布朗《我妈妈》
帮胎宝宝建立安全感、归属感

现在，孕妈妈的子宫已经增大了两倍，但是腹部还看不出明显的变化；体重也没有增长多少，但是乳房已经开始明显胀大，乳头和乳晕颜色开始加深。由于子宫快速增长，孕妈妈偶尔会感到腹部和骨盆部位轻微疼痛，这些都属于正常现象，不必过于担心和害怕。孕激素水平在8~12周达到峰值，随后下降，那么情绪也会渐渐平稳。初次怀孕的女性常常会担心流产，非常恐慌，这些情绪也是正常的。这是孕妈妈逐渐进入母亲角色的本能反应，所以接下来我要给你介绍的这本绘本名字叫《我妈妈》(河北教育出版社)。

此绘本来自英国绘画大师安东尼·布朗，曾获国际安徒生大奖、格林纳威大奖等，先后被译成十几种文字出版。为什么每本绘本都要给孕妈妈们介绍创作者呢？因为如果你能了解作者的创作风格以及背后的创作初衷，更利于了解绘本阅读的价值和深意，阅读不在数量的多少，而是充分吸收每一本绘本的最大价值。

宝宝出生后，会对你非常依赖的呦！这种依赖会持续很久很久，直到成年。他会认为妈妈是这个世界上最漂亮的，是一级棒的厨师，是美丽的仙女，是会变魔术的化妆师，妈妈总是有办法让他开心起来。当然，他也会害怕妈妈生气发怒，害怕妈妈伤心，害怕妈妈不要他，所以要给宝宝足够的安全感噢！0~3岁是宝宝建立安全感、归属感最重要的时期，千万不要错过。由于此绘本画风偏于欧美的审美，与中国宝宝的生活连接不够强烈，所以我建议在孕期读完后，等宝宝3岁以后再去阅读这本绘本。当宝宝养成阅读习惯，理解能力提升后再去阅读这本绘本会更适合噢！

第9周 第057天 文学

诗经《狡童》
你这个狡猾的少年

这一周我为你推荐《诗经》中的一篇小诗——《狡童》,这是一首描绘爱情的诗,它的落脚点不是花前月下的你侬我侬,而是描绘了情侣之间的小矛盾和小别扭,读起来别有一番风味。

彼狡童兮,不与我言兮。维子之故,使我不能餐兮。
彼狡童兮,不与我食兮。维子之故,使我不能息兮。

你这个狡猾的少年,为什么不跟我说话呢?都是因为你,我连饭都吃不下了;你这个狡猾的少年,为什么不和我一起就餐呢?都是因为你,我连觉都睡不好了!

怎么样?是不是感觉小情侣之间斗气吵架的气息扑面而来?"不与我言兮""不与我食兮",导致诗人"使我不能餐兮""使我不能息兮"真是食不甘味、夜不能寐呀。

这种场景,我们每个人或许都经历过。在爱情里,两个人是需要一起呵护、一起成长的,虽然有喜有忧,但我们尽量减少负面情绪对它的伤害,让它顺利地开花结果。现在的你,正孕育着你和爱人的爱情果实,不久的将来,果熟蒂落,一家人会幸福美满。

> **第9周的胎宝宝**
>
> 恭喜胎宝宝顺利进入第9周啦,现在胎宝宝的长度约2厘米,差不多和一颗葡萄一样重。这一周,孕妈妈的子宫已经有拳头大了,体形还不会发生太大的变化。

秀兰·邓波儿《亮眼睛》
小天才演员的经典之作

这是一部1934年在美国上映的电影，由秀兰·邓波儿主演。秀兰·邓波儿是奥斯卡历史上第一个在童年时就获得奥斯卡奖的人。

秀兰·邓波儿饰演的雪里，活泼可爱。飞行员爸爸因为空难去世，妈妈在富人史麦斯夫妇家做佣人，她由妈妈和父亲的密友飞行员鲁布照看和陪伴，日子也还过得去。但是没想到，妈妈在圣诞节那天出车祸去世了。雪里是个好孩子，她和史麦斯夫妇的雷德舅舅相处不错，于是，雷德舅舅要求史麦斯夫妇收养雪里，而史麦斯夫妇原本打算把雪里送到孤儿院去。在雷德舅舅的强烈要求下，他们只好照办了，但他们的真实想法是，等得到雷德舅舅的遗产后就把雪里送到别的地方去。

史麦斯夫妇的女儿是个刁蛮跋扈的人，雪里在这个家里，过得并不快乐。当鲁布在史麦斯夫妇家看到雪里和史麦斯夫妇女儿的相处方式之后，他觉得应该把雪里接到自己身边抚养。但雷德舅舅不同意，甚至为此请了律师。

在一个风雨大作的日子，鲁布接了一单飞行任务。飞机起飞之前，小雪里趁着其他人不注意，悄悄钻进了飞机里。不过，这个行为却给他们造成了麻烦——警察怀疑这是绑架。飞行中飞机出现裂缝，鲁布只好抱着雪里一起跳伞，万幸的是，两人安全降落到地面。

电影最后的结局皆大欢喜。在法庭的帮助下，小雪里终于可以和自己喜欢的人生活在一起了。

20世纪30年代，秀兰·邓波儿是最受大众欢迎的电影明星。在本片中，她饰演一个佣人的女儿，与之形成对比的是富家女，这个设定符合大众的自我代入。要知道，30年代的美国一直处于经济大萧条的阴影下，普通人的生活更是遭受巨大打击。也许这个电影当时给了大众些许温暖，就像电影的结局，为了小雪里的未来，富人和穷人可以一起抚养她，大家的目标都一样。从这一方面来讲，该片在一定程度上缓和了社会的阶层矛盾。

第9周
第059天　绘画

修拉《大碗岛的星期天下午》
缓解疲劳，放松身心

这是19世纪晚期法国新印象主义画家乔治·修拉创作的一幅油画作品，从1884年构思，到1886年完成，耗时近两年。现藏于美国芝加哥艺术学院。

大碗岛是法国巴黎塞纳河畔附近的一个岛上公园，炎炎夏日，市民们呼朋引伴相聚于此，或在河边休息、散步、纳凉，或在塞纳河上划船、垂钓，好不惬意！修拉常去这个公园写生，积攒了两年的写生稿，才得以创作出如此经典的作品，并成为新印象主义的代表，点彩画法的代表。

新印象主义来源于印象主义。不同于印象主义使用的混合色，新印象主义偏爱构成色，用微小的笔触点画，形成小的色斑与色块，再依靠观众的眼睛自然混合产生中间色，使画作颜色达到和谐、鲜明的效果，充满了明快、和谐的气氛，给人开心、喜悦之感。

据说，修拉在这件作品中描绘了近40个人物，但由于构图严谨的原因，每个人物的位置明晰、准确，整幅画作充满一种井井有条的秩序感。仔细观看画中人物，会发现人物的五官并不明晰，人物身上布满了色点，依靠色点的整体组合，塑造出了整幅画作，这也正是点彩画法的独特魅力所在。

忙碌的一天之后，打开这幅画，仿佛置身于大自然中，呼吸着新鲜的空气，有助于舒缓孕妈妈的疲劳，使身心放松。

莫扎特《土耳其进行曲》
请跟随音乐舞动起来吧

你的早孕反应是否仍在不断地加剧？建议呕吐无食欲的孕妈妈可以少食多餐，吃一些酸味水果，如橙子、菠萝等增加食欲；切记不要吃山楂哦（容易导致流产）。孕妈妈因身体倦怠和嗜睡反应会大大减少活动量，会容易便秘。要多吃流食和蔬菜，增加每日的饮水量。

胎宝宝在孕妈妈身体中迅速生长，每天都在吸收孕妈妈身体内的营养。早孕反应不仅影响着孕妈妈，同时对于胎宝宝的发育也至关重要。孕妈妈要学会控制情绪和忍耐早孕反应的痛苦。

莫扎特的《土耳其进行曲》是一首众所周知且大家特别喜欢的乐曲。节奏感很强，能给孕妈妈带来轻松活泼的感觉。

乐曲开始的第一主题是在a小调上，曲调轻盈活泼、节奏富有弹性；接着曲调转为A大调，风格具有东方色彩的明朗、雄壮，主题节奏壮丽辉煌、气势雄伟、铿锵有力，使人豁然开朗；音调继续发展，不断推向高潮；最后又转回a小调而结束了全曲。

如此流畅、轻盈而带有舞蹈节奏的动听音乐，风格也是别具一格，像是在观看一部很风趣的小品节目。跟随音乐一起舞动吧，放松心情的同时，还可以改善孕妈妈的食欲和情绪。

第9周
第062~063天

绘本《猜猜我有多爱你》
学习表达情感，表达爱

由于胎宝宝快速发育，需要吸收孕妈妈身体内的营养，建议孕妈妈三餐中多加一些富含蛋白质和碳水化合物的食物，可以帮助维持血糖水平，有助于稳定情绪。一定要多出去晒晒太阳，呼吸新鲜的空气，让心情更愉悦。准爸爸也会开始焦虑自己是否能成为合格的父亲，或者担心孕妈妈和胎宝宝的健康，所以这周给准爸爸、孕妈妈推荐的绘本是《猜猜我有多爱你》（明天出版社）。

这是一本关于父爱的绘本，文字创作来自爱尔兰的山姆·麦克布雷尼，图画由英国的安妮塔·婕朗创作，中文翻译是中国知名儿童作家梅子涵。此绘本曾荣获过多项世界大奖，全世界销量突破2300万册。绘本中的主角是兔子，画风适合全世界的宝宝和孕妈妈。

关于爱，不管小宝贝表达多努力，父母的爱总是更有深意，而且更多一些。此绘本利用兔子爸爸和兔子宝贝的肢体语言来表达彼此有多爱对方，引导孩子学会表达爱，表达情感。最后，兔子宝宝在爸爸怀里入睡，多么美好温暖的画面。

孕妈妈在孕期阅读，宝宝出生半年后就可以让爸爸与宝宝一起阅读。可以从模仿爸爸动作开始，不仅能增进亲子关系，也能更好地帮助宝贝建立安全感。在阅读的同时，要增加互动性，对宝宝的大运动也有引导作用。此绘本的立体版可以拉一拉、翻一翻、转一转，每一页都充满甜蜜和惊喜，对宝宝精细动作的发育有很好的促进作用。

第10周
第064天 文学

诸葛亮《诫子书》

不焦虑，不迷失，陪孩子慢慢长大

　　这一周为孕妈妈推荐一段散文歌赋，节选自《诫子书》，作者为大家都熟悉的诸葛亮，中国古代杰出的政治家、军事家、文学家。他的《诫子书》可以说是一篇充满智慧之语的家训，是古代家训中的杰出作品。赶快来欣赏其中的一段吧。

> 夫君子之行，静以修身，俭以养德。
> 非淡泊无以明志，非宁静无以致远。
> 夫学须静也，才须学也。
> 非学无以广才，非志无以成学。

　　朗朗上口的文字，读着读着就品出它的意思了：君子的品行，要从安静中提升自己的修养，要从节俭中培养自己的品德。如果不能做到内心恬淡，就无法明确自己的志向；如果不能做到内心平和，就无法实现远大的理想。学习需要静下心来，成才需要潜心学习。如果不学习，就不能增长才干；如果没有志向，就不能学有所成。

　　每个当父母的，都希望孩子能成为人中龙凤，养育一个孩子是需要耐心和智慧的。当然，在育儿的同时，我们自己也要成长，在爱的本能基础上，积极智慧育儿，这样，才不会在焦虑中迷失，才能幸福地陪孩子慢慢长大。

第10周的胎宝宝

　　第10周，胎宝宝会长到4厘米左右，体重13克左右，虽然个头还很小，但我们也是真真正正的胎儿啦。此时，胎宝宝身体的各个器官都初步形成了。

宫崎骏《龙猫》
唤醒童年纯真美好的回忆

《龙猫》是日本著名导演宫崎骏执导的动画片，一部驰名世界的电影。龙猫的形象家喻户晓。

爸爸草壁达郎为了让自己的妻子靖子静心养病，带着两个孩子草壁皋月和草壁梅来到乡下的老房子里居住。

时节正处于夏天，夏天对于童年来说是欢乐的天堂，草壁皋月和草壁梅姊妹俩发现老房子里有很多奇奇怪怪的、现实生活里没有的生物，如灰尘精灵、森林中的精灵，还有森林中的主人龙猫、总是笑嘻嘻的猫巴士。但并不是谁都可以看见它们、触摸到它们，必须是心地纯真的人才可以。

草壁皋月、草壁梅和那只胖胖的龙猫变成了朋友。有一天，妹妹草壁梅和姐姐吵了架，一个人走出老房子去寻找生病的妈妈，中途却迷了路。

姐姐草壁皋月到处找都找不到妹妹，情急之下，向精灵们求援。龙猫呼叫了猫巴士，姐姐乘坐猫巴士找到了妹妹。有了猫巴士，妹妹还可以把自己摘的玉米送给妈妈，祝愿她的病情快点好起来。

宫崎骏导演从孩童的视角观察这个世界，同时发挥巨大的想象力以平衡现实世界的残酷。

看过《龙猫》的人都会被它满眼绿色的优美画面所感动。虽然事实上大自然有残酷的一面，但是导演把大自然孕育出的一切都变成了一股暖流，沁人心脾。我们从中可以看出导演对大自然的热爱。

在乡间，在夏天，在童年，那些质朴的人，可以唤醒我们沉睡已久的情感，比如亲情，比如友情。

霍贝玛《林荫道》

踏步林间小道，感受别样风光

这是17世纪荷兰风景画家梅因德尔特·霍贝玛创作于1689年的一幅油画作品。现藏英国伦敦国立画廊。

《林荫道》用较低的水平线描绘荷兰乡村一景，画面的主要篇幅留给了湛蓝的天空和洁白的云朵，透彻而明朗。画面的下半部分主要描绘了一条极为普通的乡间小路：路面上布满了大小不一的车辙印，似乎在讲述着路过的每一辆车的故事；细而挺拔的树木对称地站立在道路两旁，仿佛在列队欢迎来往的行人；小路的中间有一位农民正牵着牲口，悠闲地往前走着；另一旁的分岔路上，两位农民正在聊天，或者谈论收成，或者谈论天气，或者谈论村里发生的大事小情；右侧一位农妇正在耕作，远处的教堂和房子依稀可见……

霍贝玛是一位对故乡怀有浓厚情感的田园式风景画家，他用心观察和体验乡村生活，用诗意般的油画语言展现了乡村田野的平远透视美，给观众一种内心舒畅之感。这件作品的独特之处还在于作者将西方古典油画的技法与焦点透视完美融合在一起。在这里，我们看不到乡村的贫瘠与困苦，感受到的是乡村田园式的情怀与诗意。遥望天空，使人心旷神怡，内心轻松愉快。一眼望去，大自然的美景尽收眼底，到处是一派安静、祥和的生活气息。让我们对这种田野牧歌般的生活充满了向往。相信作为孕妈妈的你欣赏后，心情也会轻松愉快起来。

第10周
第067~068天 音乐

莫扎特《小星星变奏曲》
一起重温儿时的快乐

这一周，孕妈妈的情绪波动会非常大。有时可能担心宝宝会不会发育不全，有时又自责自己无能，担心自己的身材会因为怀孕变得难看而不自信，也可能经常性地跟身边亲人吵闹，甚至可能把自己陷入一种极其压抑的低谷中。

此时，准爸爸一定要多关心、注意孕妈妈的心情变化，多多体谅、鼓励孕妈妈，不定时给她一些意外的惊喜，让孕妈妈保持愉悦的心情。

莫扎特是欧洲古典主义音乐家，也是维也纳古典乐派的代表之一。他创作的交响曲、钢琴协奏曲、歌剧、宗教音乐等被古今音乐家称为天籁之音，奉为经典。莫扎特写过很多变奏曲，《小星星变奏曲》是其中之一，风格典雅，感情真挚，朝气明朗。

中国人熟知的那首"一闪一闪亮晶晶，满天都是小星星"的儿歌，就来自莫扎特的《小星星变奏曲》。这首变奏曲活泼而可爱，单纯而质朴，乐声自然而愉快地流淌。在孕妈妈变幻莫测的情绪不稳定时期，准爸爸可以陪伴着孕妈妈一起倾听此曲并想象着肚子里的胎宝宝；想象着胎宝宝的各个身体部位，从内心深处感受并勾勒出他的可爱模样，帮助孕妈妈保持愉快的心情。

第10周
第069~070天 绘本

《0~3岁成长敏感期启蒙绘本》
提升孕妈妈的审美力

今天过得好吗?建议孕妈妈每天给自己一些安静的时间,幻想一下肚子里宝宝的模样,这样会感觉更快乐。也可以和肚子里的胎宝宝多说说话,虽然现在他还听不见,但是,过不了多久他就会给妈妈回应了。建议准爸爸陪孕妈妈进行每一次产检,听听胎宝宝的心跳,看看B超中胎宝宝的影像图,都会让准爸爸更好地进入到角色当中。宝宝出生后,每个阶段都有自己的敏感期,所以孕妈妈、准爸爸提前学习得越多,越有助于理解宝宝和解决遇到的各种育儿问题。今天推荐的绘本名字叫《0~3岁成长敏感期启蒙绘本》(中国轻工业出版社)。

本书的作者三乖老师是一个为梦想不断坚持的大小孩儿,作品《小白快跑》曾获2016年"东+西"国际设计周插画艺术大展最高奖。虽然说国内绘本

　　行业起步比国外晚,但是近几年涌现出许多的绘本创作者,创作的作品更符合中国宝宝的审美,更具有中国文化特色。以这套绘本为例,采用的是中国的水彩毛笔画,用大线条和简洁色块来呈现画面,色点柔和而温暖。

　　这套绘本选择了八个主题:爸爸、妈妈、说话、睡觉、洗澡、脸、身体及十二生肖,主题的设定符合了0~3岁敏感期中安全感、情绪、行为、语言、认知的全面性。孕期读完这套书后,等宝宝出生后3个月就可以开始亲子共读。刚开始可以当成彩色卡来使用,与出生后的前3个月相比,宝宝的视力此时将有质的飞跃,也可以把宝宝抱在怀里一起来阅读欣赏,提升宝宝的审美能力。

第11周
第071天 文学

晏殊《清平乐·红笺小字》

深情含蓄，音韵悠长

今天我们欣赏一首词——《清平乐·红笺小字》，作者是北宋政治家、文学家晏殊。晏殊创作的词，风格含蓄婉转，在当时的文坛占有非常重要的位置。

红笺小字，说尽平生意。鸿雁在云鱼在水，惆怅此情难寄。
斜阳独倚西楼，遥山恰对帘钩。人面不知何处，绿波依旧东流。

红色信笺上那密密麻麻的小字，写满了我对你的爱慕之情。可是，能传递这份情书的鸿雁和鱼儿，一个在高高的云端飞翔，一个在深深的水底漫游，无法寄出我的情谊，怎能不让我伤感呢！

太阳快落山了，我一个人登上高楼向远处望去，然而，远处的山峰却阻挡了视线。我的心上人，你到底在哪儿呢？你可知道，我对你的思恋，就像这绵绵的碧水，一直向东流去。

这首词，抒发了词人的离愁别绪，虽然内容上没有新奇的事物，都是一些平常之物，信纸、夕阳、山脉、流水，但就是这些平常之物，却把词人内心细腻的情感衬托得淋漓尽致，感人肺腑。

你用信笺写过信吗？给亲人或者爱人？现在不妨给肚子里的小宝贝写一封信，告诉他，你是多么爱他吧！

第11周的胎宝宝

在本周，小宝贝的生长速度开始加快，身体已经有6厘米长啦，体重已经有19克左右。在这一周，宝贝的一些细微之处开始发育，比如胎儿的小指甲、绒毛样的头发，等等，对了，小宝贝的生殖器也开始生长啦！

第11周 第072天 影视

励志片《当幸福来敲门》
父子关系中的幸福瞬间

《当幸福来敲门》是由加布里尔·穆奇诺执导、威尔·史密斯等主演的美国电影,改编自美国黑人投资家克里斯·加德纳的同名自传。因为源于真实生活,虽然是一个励志式的故事,也显得真实动人。

电影的时间背景是20世纪80年代的美国旧金山。电影里有一段当时的里根总统会见记者的画面,谈到美国经济不景气,从侧面反映了美国当时的经济状况。在这样的背景下,加德纳这位黑人医疗器械推销员,每天风尘仆仆、疲于奔命,向各家医院推销骨密度扫描仪,经济上捉襟见肘。贫贱夫妻百事哀,妻子琳达离开了家,留下父子俩相依为命。更惨的是,因为无力交纳房租,二人被房东赶了出去。最困难时,他们不得不去地铁过夜。

为了获得更高的收入,加德纳决定转行去做证券经纪人。但是在得到这份工作之前,他必须先通过初试,成为20个实习生之一,并在没有工资的半年实习期后,竞争唯一的留下名额。

我们想象一下,如果把影片中儿子的角色去掉,还会不会有现在这样动人。所以,虽然故事讲的是黑人推销员如何转行成为一个成功的证券经纪人,但是情感始终落在父子关系上,一个合格的父亲如何与儿子相处,如何给儿子正面的价值观。比如,有一段令人印象深刻的打篮球片段。父子关系,在生活的巨大压力之下,变得更紧密。有趣的是,电影中的父子角色是由生活中真实的父子出演,两人的表演相当可靠。

第11周
第073天 绘画

梵高《星月夜》
夜晚的星空散发着璀璨的光芒

每次仰望星空,都能看见不一样的风景,星空在每个人的眼中也呈现出不一样的美。荷兰画家文森特·梵高笔下的星空格外与众不同,他采用夸张和对比的技法,描绘了静谧、祥和的村庄上空那充满运动和变化的星空……

他用长短不一的线条,塑造出了充满流动感的空间,星星与月亮在这一空间中的运动又形成了独特的旋涡形状,仿佛流动的银河中泛着一朵朵花灯。蓝色笔触形成的星云,与黄色笔触形成的月亮,共同点明了这是一个明亮、狂欢的夜晚。褐色的柏树像巨大的火焰一样,直插云霄,仿若这一狂欢的响应者,在尽情地舞蹈。画面右下角的村庄,错落有致,安静祥和,每一个屋顶都庇护着熟睡的人们,这与天空的流动变化形成了鲜明的对比,强化了画面的形式效果。

淡蓝的色调,动感的线条,给人一种自由的时空感。这幅作品是梵高在精神世界中想象的结果,反映出梵高努力追求一种运动与静止和谐相处的状态。在这一状态下,人的情绪时而激动,时而安静。正如我国古语所言,"静若处子,动若脱兔"。无论是色彩还是构图,都展现出了梵高惊人的幻觉世界和梦想空间。

第11周
第074～075天 音乐

海顿《小夜曲》
将带我们走进无忧无虑的梦境

虽说可怕的早孕反应快要结束了，但孕妈妈仍然会受到妊娠反应的困扰，例如明显的饥饿感会越来越强烈。不过为了胎宝宝的健康发育，孕妈妈一定要保持良好的心态，多注意休息和饮食。

这周开始，孕妈妈腹部中间可能会长出一条深色的竖线，不要紧张，这是妊娠纹，等宝宝出生后会自然消失。随后孕妈妈还会出现初期腰酸，这是孕早期普遍出现的症状之一，不要太担心，这属于正常的生理现象。今天为孕妈妈推荐一首如梦般的乐曲，让孕妈妈用最舒适的心情等待宝宝的降生。

在音乐界，作曲家海顿、莫扎特、贝多芬是古典主义时期的三大代表人物。贝多芬是音乐的巨人，被誉为"乐圣"，是当之无愧的"音乐界的普罗米修斯"。莫扎特是历史上最伟大的音乐天才，有"音乐神童"之称。海顿则被称为"交响乐之父"，开创了古典主义音乐时代。

《小夜曲》是海顿创作的一首弦乐四重奏。流畅而亲切的主旋律由小提琴担任，充满了欢快的情绪。乐曲色彩明朗，轻快的漫步节奏和娓娓动听的旋律，有一种典雅、质朴的情调。乐曲中时而出现自然大调音程，使乐曲更富有生气。闭上眼睛倾听如此美好的乐曲，你将会被带入无忧无虑的梦境之中。

世界经典《好饿的毛毛虫》
简洁精练,又有点幽默感

　　随着妊娠反应减轻,很多孕妈妈已经没有初期那么难受了(当然也会有个别孕妈妈持续孕吐),心情也会越发轻松。在这样的情况下,孕妈妈可以把更多精力转移到胎宝宝身上,可以在人少的时候参观美术馆、艺术馆等,去剧院听听音乐会,也可以上一些胎教课、孕妇瑜伽课。在专业老师的指导下,学会调节呼吸和冥想,让身体处于放松状态,保持平和的情绪,有利于孕妈妈以及胎儿身心健康和发育。

　　随着孕期反应逐渐减轻,孕妈妈的胃口也变得越来越好,接下来介绍的这本绘本就和胃口有关,名字叫《好饿的毛毛虫》(明天出版社)。这是一本非常经典的绘本,作者是来自美国的艾瑞·卡尔,他创作的绘本多数都很经典,被翻译成30多种语言,小读者遍布世界各地,全世界的发行量超过2000万册。

　　此绘本推荐孕妈妈读完后,等宝宝出生3个月后开始亲子共读。读书的认知和审美价值非常高。从画风上来说,适合全世界宝宝的审美。同时,绘本内容更具学习意义,比如书中提到的"一根棒棒糖、一截火腿、一块西瓜、一杯蛋糕、一条香肠",对宝宝语言期量词的精准应用有引导作用。宝宝还能理解毛毛虫变成蝴蝶的整个过程。数学思维方面,通过故事对宝宝进行从星期一到星期天等日期启蒙,同时对数字1~7也有了概念。还能启发宝宝对各种食物的认知,一本堪比多本,这就是经典绘本的价值所在。

　　亲子阅读的意义除了增进亲子关系,就是开发大脑,增加理解能力、逻辑思维以及知识量的储备。最重要的,这是一本洞洞书,宝宝在4~8个月期间会对洞洞、点点很好奇,洞洞是吸引宝宝的重要因素。

第12周
第078天

苏轼《浣溪沙·咏橘》
橘之清香，沁人心脾

今天，我们欣赏一首词——《浣溪沙·咏橘》，作者是北宋文学家苏轼。

菊暗荷枯一夜霜，新苞绿叶照林光。竹篱茅舍出青黄。
香雾噀（xùn）人惊半破，清泉流齿怯初尝。吴姬三日手犹香。

经过一晚上的霜冻，菊花失去了色彩，荷花也枯萎了，然而，新长出的橘子呈现出明亮的青黄色，与油亮亮的绿叶交相辉映，悬挂在竹篱茅舍旁边。

摘下一枚，剥开橘皮，浓浓的香气扑鼻而来；尝上一口，清爽的橘汁就像甘泉一样，在唇齿间流动。已经过去三天了，那位品尝新橘的江南女子手上还有橘子的香气呢！

怎么样？欣赏这首词的时候，口水有没有留下来呀？读着词，就感觉那个新鲜的橘肉像是吃在自己嘴里一样，酸甜可口，最后那句"三日手犹香"真真儿是写出了生活气息。柑橘类水果对缓解早孕反应，效果不错哦。

第12周的胎宝宝

恭喜进入孕12周，这周结束后，你的怀孕时间就满3个月了，胎宝宝的发育也进入稳定期啦！这个时候的小宝贝，有6厘米左右长，体重大概20克。可以到医院做个彩超检查了，主要目的是检查胎宝宝有没有发育异常。

喜剧片《阳光小美女》
全家人的寻梦之旅

《阳光小美女》是美国导演乔纳森·戴顿和维莱莉·法瑞斯联合执导、阿比吉尔·布莱斯林主演的一部讽刺喜剧。

7岁的奥利芙想参加"阳光小美女"选美比赛,这个六口之家便开着一辆黄色面包车,全家人共同护送奥利芙去参赛。

这部电影像一串糖葫芦,那辆黄色面包车就是那根穿糖葫芦的竹签。不同的是,每颗糖葫芦都是不同的味道。

本片一开场,就展现了一个充满喜感的小女孩,萌萌的脸蛋,戴着细细的眼镜,挺着圆圆的小肚子。蒂姆·舒斯泰德的摄影,有一种贴近的舒适感。

当一个家庭里的成员个个都在为自己生活中的"失败"而沮丧时,只有7岁的奥利芙用自己的方式取得了那些世俗意义上的"成功",无知无畏的奥利芙成了全家人的英雄。

这并不是一部励志电影,而是一部讽刺励志的电影,这正是《阳光小美女》这部电影最成功的地方。通常我们认为,喜剧很难贴近生活的味道,而《时代》周刊给出了这样的评语:这部片更加真实地反映了人们生活的现实。

少女这样的角色通常会给电影带来灵气,既然这是一部讽刺喜剧电影,"阳光小美女"这个片名必然会有反面的含义,小美女一方面指的是小女孩们参加的美女选秀,另一方面又意味着奥利芙这样普通的小女孩才是真正的小美女。

正如我们的生活,虽然永远是状况频出,可是支撑所有人的不就是家人的爱吗?

张萱《虢国夫人游春图》
恣意洒脱、自信美丽

中国历史上最恣意的女性要数唐朝女子了，而在唐朝女子中，杨家姐妹则最为洒脱、张扬。杨玉环身为唐玄宗李隆基的宠妃，其恩宠惠及家人，她的三个姐姐都被封为"国夫人"，并建高宅府苑，生活极尽奢华。

天宝十一年（752年），杨贵妃的三姐虢国夫人及其眷从出门游春。游春是唐朝的社会风俗，尤以每年的三月初三为盛。从画作中可以看出虢国夫人出游的盛况，一群人骑马执鞭，徐徐前行。

三位侍从在前面引路，中间两马并骑的正是虢国夫人和韩国夫人，在侍从的簇拥下，骑马前进。虢国夫人居于画面正中央的位置，她身着淡青色窄袖上衣，披白色花巾，双手握住缰绳，脚踩在脚蹬上。在其左侧与其一起前进的是韩国夫人，她侧向虢国夫人，欲作告别之意。这件作品线描劲细，设色淡雅，构图工整考究，人物、马匹的安排错落有致，层次有序。整幅画面呈现出来的感觉是放松的、恣意的、悠闲的，人物与马匹的动作舒缓，正是春游放松的体现。

画家没有对春游的背景进行刻画，重点侧重于人物内心活动的描绘，作品格调明快，节奏轻松，画面洋溢出雍容、乐观、自信的盛唐风貌。

舒伯特《圣母颂》
把我们引入圣洁的心境

孕期即将满三个月,多数孕妈妈的早孕反应会逐渐消失。不过也有孕妈妈可能会再持续一段时间,视个人体质而定。

最近孕妈妈要进行一次非常重要的产检,其中有一项很重要的NT检查即颈后透明带扫描。面对如此重要的检查,孕妈妈心里多多少少会有些压力和担心。这个时候我们要做的就是调节好自己的心态,放松下来。

现在,放下手上的一切工作,倾听来自舒伯特的经典曲目《圣母颂》,由大提琴与钢琴合奏。纯真、优美的主旋律由沉稳的大提琴奏响,瞬间把人心头的种种烦扰驱散掉,让人整个身心充满明朗、宁静、纯洁,满怀美好的期盼。曲中钢琴琶音的伴奏,与优雅主旋律声部相辅相成,结合得天衣无缝,浑然天成为一体,将人们引入圣洁的心境,让人充满了对未来美好的憧憬。

舒伯特被称为"歌曲之王",是西欧浪漫主义音乐的奠基人。他短暂的一生,为后世留下了丰厚的音乐遗产,如《欢乐颂》《摇篮曲》《流浪者》《野玫瑰》等,孕妈妈不妨找来听听。

第12周
第083~084天 绘本

立体书《写给宝宝的世界名著》
让胎宝宝感受世界名著的魅力

在孕12周，孕妈妈会明显感觉到自己的腹部有些隆起，这是胎宝宝正在生长。孕妈妈要保持生活规律、饮食健康哦。要多多学习孕期知识，了解的知识越多，对未知的恐惧就会减少，这样可以保持积极的正能量。

今天为孕妈妈推荐的绘本名称叫《写给宝宝的世界名著》（北京联合出版公司），作者为美国的著名儿童作家珍妮弗·亚当斯和插画师艾莉森·奥利弗。这套绘本共包括6部名著：《爱丽丝梦游仙境》《白鲸》《丛林之书》《大侦探福尔摩斯》《傲慢与偏见》《呼啸山庄》。

这套书专为低幼宝宝设计制作，400克纸板材质，撕不烂，咬不坏。贴心的圆角设计，保护宝宝细嫩的小手。6本绘本配套拼插玩具，都是与绘本对应的人物和动物形象。除基础认知之外，这套绘本通过故事叙述、画面渲染，让孩子学习机智勇敢、追求真爱、保护动物等社会情感主题，从小树立正确的价值观和人生观。一面世便声名远播，荣登欧美各大榜单，在美国亚马逊一直名列前茅。孕妈妈读了会有满满的正能量！

孕中期

——胎教最佳时期

李清照《点绛唇·蹴罢秋千》

天真烂漫,轻松愉快

今天,我们欣赏一首词——《点绛唇·蹴罢秋千》,作者是宋朝女词人李清照,先来一睹为快吧。

蹴罢秋千,起来慵整纤纤手。露浓花瘦,薄汗轻衣透。
见客入来,袜刬(chǎn)金钗溜。和羞走,倚门回首,却把青梅嗅。

荡了会儿秋千后,感觉有点累了,少女那双柔美的手再也懒得动弹一下。纤细的身体,已经微微出汗,浸湿了薄薄的衣衫。

突然发现有人走过来,匆忙慌乱中,来不及穿上鞋子,直接穿着袜子羞答答地跑开了。走过来的是谁呢?少女靠在门后,回头望了望,还要摆出假装闻青梅的样子。

读完这首词,一位娇羞可爱的少女跃然纸上,既有生活场景,又有内心活动,语言自然清新,情节婉约动人,作者李清照不愧是婉约词派的代表。

第13周的胎宝宝

孕13周,胎宝宝已经非常像一个有模有样的小人儿了。小宝贝大概有8厘米长,体重约22克,两只眼睛突出来了,小耳朵也就位喽,最神奇的是,它的小嘴巴竟然能够一张一合了!

第13周
第086天 影视

动画片《美食总动员》
一部关于梦想的电影

　　《美食总动员》是皮克斯动画制作室出品的一部动画片，于2007年上映。看完这部电影，就知道皮克斯如何把不起眼的老鼠变成一个大受欢迎的电影角色。

　　一只生活在下水道的老鼠——雷米梦想变成法国五星级饭店的厨房大师傅。这个梦想也不完全是白日梦，因为雷米有着非常灵敏的嗅觉。

　　雷米的家人对他的梦想嗤之以鼻，但是雷米已经朝着梦想前进了——他经常偷偷溜进别人家的厨房。有一次，他偷偷闯进一个正在做菜的老奶奶家，不巧被老奶奶发现，然后，老奶奶用枪打烂了天花板——老鼠们的藏身之处。他们只得逃亡他乡。

　　雷米和家人来到了城市，在一家法国餐厅的下水道里安家。这家餐厅正好是大名鼎鼎的法国名厨奥古斯汀·古斯特所开。雷米小心翼翼地进了餐厅的厨房，准备离开时，发现餐厅的清洁工林奎尼意外打翻了一锅汤。为了不让主厨发现，林奎尼不得不慌乱地弄了一锅汤。雷米看不下去了，悄悄在汤里加了自己认为可口的材料。没想到这锅汤却得到了客人的赞赏。主厨看出有猫腻，限林奎尼一个星期之内再做出一锅汤。雷米抓住了这只老鼠，把它带回了家。他们一起进行各种实验，终于做出了让主厨满意的汤。

　　值得一提的是，皮克斯出品的每一部动画片都很好看。除了一贯高水准的笑料，《美食总动员》的动画技术水平相当高超。无论是面包屑还是动物的毛发都纤毫毕现，让人有想触摸的感觉。此外，蔬菜上的水珠、铜锅上的划痕、厨房里的烟熏痕迹、厨师围裙上的酱汁等都需要非常高超的动画技术才能实现。

　　这部电影可以让孕妈妈全身上下的每一个细胞都充满活力。

周昉《簪花仕女图》

无论什么时候都要美美的

唐朝女性以丰腴为美，唐朝代画家周昉在《簪花仕女图》中展现的是唐朝贵族女子的游乐活动，将当时女子丰腴的体态、安于享乐的精神状态表现得淋漓尽致。

春夏之交，五位贵族女子相约于花园中赏景游玩，另有一位婢女随侍左右。画面以工笔重彩的方式描绘出了人物雍容华贵的面部妆容和衣着纹饰，而顽皮的小狗和稀有的白鹤贯穿期间，给画面增添了些许趣味。

这件作品取名《簪花仕女图》，是因为五位贵族女性的发簪上都插着牡丹、荷花、芍药等花型较大的花朵，不仅衬托出女性的柔美之感，更增添了画作的抒情之意。半透明的薄纱衣服，使人物形象显得丰腴而又华贵。用笔细腻、流畅而又不失劲道，人物形体优美、立体。从头发的刻画，到面部的

着色，再到衣服的雕琢，都极尽工巧之能事，画出一种闲适无聊的生活本质，表现出娇、奢、雅、逸的气息和女性柔软、温腻、动人的姿态，赋予作品鲜明的时代感，充分展现了唐朝女性雍容华贵的典型形象。

这件作品没有背景环境的塑造，在人物的主次、远近方面巧妙处理，使得画面节奏感欢快而又舒适。

唐朝女子的自信、优雅、果敢是后人无法超越的，她们的妆容艳丽而夸张，她们的服饰轻薄而大胆，无时无刻不以最完美的状态展现在众人面前。今天的我们，尤其是作为孕妈妈更要打扮得美美的，自信、大方、优雅地出现在任何地方。

维瓦尔第《四季》
带我们沐浴在变幻的四季中

进入孕中期,建议孕妈妈多听一些快乐、有趣、美好的乐曲。欣赏音乐可以通过音响感知,准确体会作品所表达的情感内涵,仿佛身临其境,得到另一种新的美好感觉,进而使胎宝宝的心灵感受到这份美好。

维瓦尔第创作的交响曲《四季》分为四部分,每个季节有三个乐章,共十二首乐曲。丰富的音乐形式生动地描绘出了一年四季的不同景色和情境。

第一部分《春》为G大调,三个乐章,其中第一乐章最为著名。乐曲响起,轻快愉悦的旋律代表着生机勃勃的春天悄悄走来。春雨过后又晴朗起来,和煦的阳光下,有生命的万物仿佛一夜之间变得绿意盎然、朝气蓬勃,充满着希望。画面如此清爽、温馨而舒适。

第二部分g小调《夏》,突显的是夏季炎热而热烈,乐曲从中板到柔板,再到急板,把变幻莫测、极有风趣的夏天表现得淋漓尽致,音乐极为真实和奇妙。

第三部分《秋》是F大调,音乐壮阔而喜悦,曲调欢快活泼。丰收的秋天,处处可以听到农民欢喜的笑容,如此温暖。芳香的果实,如此开心又甜蜜。

最后三个乐章是第四部分《冬》,f小调,其中第二乐章比较有名,由小提琴演奏,声音舒缓柔和,曾被改编为轻音乐。虽说冬天是寒风凛冽的季节,但有家人温暖的陪伴、有红红的炉火取暖,冬天便不再孤独而寒冷。

维瓦尔第的《四季》将世间一年的变化展现得极具形象感,一幅幅亲切又温暖的画面,瞬间带领孕妈和宝宝感受了四季万物的变幻。

发声书《听,谁的音乐会》
欣赏古典音乐之美

随着胎儿的生长发育,孕妈妈的身材变得臃肿,肤色变得更加暗沉,甚至还会出现斑点。孕妈妈可能会因为这些变化而觉得自己魅力消失,甚至变得沮丧难过。如果换个角度看,孕妈妈变化的同时,胎宝宝正在健康成长,是不是得到一些安慰呢。这时候不妨多听听古典音乐吧!

今天为你推荐的绘本名叫《听,谁的音乐会》(知识出版社)。这是一套音乐发声书,只要触摸圆点处就会发声,能够锻炼宝宝的手眼协调能力。古典音乐本身可以促进大脑发育和心灵健康成长、促进情感表达和交流能力、培养直觉和审美能力、培养缜密的思维能力、培养淳朴和儒雅的性情、开启想象力和创造力。四本绘本包含四位巨匠之作:"红发神父"维瓦尔第、"交响乐之王"贝多芬、"音乐之父"巴赫、"音乐神童"莫扎特。

这套书中,孔雀们优雅共舞,传递了《献给爱丽丝》的脉脉深情,袋鼠一家三口在《欢乐颂》中欢快起舞,让宝宝通过绘本欣赏并领悟古典音乐之美及深意。推荐孕中期的妈妈欣赏这套绘本,能够为孕妈妈带来愉悦感。绘本本身没有年龄限制,适合0~100岁的人阅读欣赏,无论儿童还是成年人在欣赏绘本时都会幸福感油然而生,这就是艺术的力量。而每一本绘本都是一件艺术品,能够带领大家发现世界的多维之美。

第14周
第092天
文学

老子《道德经》节选
中华民族宝贵的精神财富

今天的文学胎教推荐老子《道德经》里的一个选段。老子是中国古代的思想家、哲学家、文学家。他的《道德经》是中国历史上最伟大的著作之一,分为上下两篇,上篇为《德经》,下篇为《道经》。据说,《道德经》是除了《圣经》以外被译成外国文字出版发行量最多的文化名著。赶快来欣赏其中的一段吧。

合抱之木,生于毫末;
九层之台,起于累土;
千里之行,始于足下。

合抱的大树,是从细小的树苗长起来的;九层的高台,是一堆堆的泥土垒筑起来的;千里的远行,是从脚下的每一步走出来的。

养育孩子不是一件容易的事,需要从一点一滴做起。宝宝从一个小小的受精卵长大成人,会经历无数的"毫末"和无数次"累土",需要踏踏实实地走好脚下的每一步。

第14周的胎宝宝

第14周,胎宝宝长到10厘米左右啦,体重26克左右,宝贝现在长得很快哦,甚至还零星长了一些小头发!胎盘现在正"开足马力"提供养料和氧气,如果养料和氧气不足,会影响小宝贝的发育哦,所以,孕妈妈要加强营养。

第14周
第093天 影视

温情片《海蒂和爷爷》
给孕妈妈带来充满诗意的大自然气息

《海蒂和爷爷》是一部令人身心愉悦的温情电影,改编自19世纪瑞士儿童文学作品《海蒂》。

这部电影展现了世间的两种美,一种是自然之美,一种是人性之美。前者是指瑰丽的阿尔卑斯山,后者是指少女身上的真与善,电影很好地把这两者结合了起来。

孤儿海蒂被姨母迪蒂送上了阿尔卑斯山,与爷爷一起生活。她每天在阿尔卑斯山上自由地奔跑,非常快乐。一天,海蒂被姨母连哄带骗地卖到了法兰克富的克拉拉家,她又开始一段在富裕阶层生活的经历……

电影中有一个情节是老师问大家的理想,海蒂回答说她的理想是写故事,却被同学们嘲笑了,小海蒂为此闷闷不乐。这时,原著作者似乎是借故事里的人物说了这样一段话:"他们知道的太少,海蒂,因为他们只知道这个村子。但是你见过这个世界更多的东西,不是吗?如果做某件事会让你开心,那就去做吧,不要管别人说什么。"

当我们观影时,脑海里可能会产生这样的思绪,一个是理解19世纪原著作者约翰娜·斯比丽仰望家乡阿尔卑斯山的壮丽景致、产生灵感的时刻,一个是21世纪的电影演员们在片场演绎19世纪生活的时刻。饰演海蒂的阿努克·斯特芬的笑容可以融化阿尔卑斯山的白雪,德国影帝布鲁诺·甘茨精湛的表演也值得欣赏。

第14周
第094天 绘画

塞尚《一篮苹果》
水果虽好，但也要注意食量

这是19世纪末期后印象主义画家塞尚的作品，创作于1890年至1894年，现藏于美国芝加哥艺术学院。

画面简简单单地描绘了日常生活的一角，一张桌子上摆放着盛放苹果的篮子，散落的苹果分布在桌布上，直立的酒瓶挡住了倾斜的果篮，使其不至于完全倒下来，洁白的瓷盘中摆放着整齐的糕点。

从表面上看，这是一幅展现日常生活场景的静物画，但如果我们仔细观察，就会发现作品里的许多东西都是变形的，从桌子左上角支撑果篮的物体形状，到苹果的外形，再到略有弯曲的酒瓶，可以看出画面布局的微妙性和随机性。但这并不表示塞尚对物体形状的描绘能力不足，而是他用不同的角度来表现物体的大小结构，他只是抛弃了传统的透视法，画出了自己希望静物所展现的样貌。并且，画面中物体的轮廓也呈现出明显的几何形状倾向，水果和糕点不再圆润，而是强调物理的棱角感。通过白色的桌布与鲜艳水果的强烈对比，反衬出冷暖的色彩对比，进而从视觉上引起观众的注意。

塞尚擅长表现静物形状的立体感和色彩的单纯感，他的这种风格对日后出现的立体主义产生了重要的影响。

看着这满满一篮子的水果，是不是也有了吃点水果的冲动呢？水果虽然好吃，但大多含糖分较高，不能吃个没完没了，更不能用水果代替蔬菜，每天吃200～350克水果即可。

古筝曲《春江花月夜》
带孕妈妈走进江南风景

本周孕妈妈的身体变化会越来越大,体重持续增加。不过你仍然是最美丽的孕妈妈哦。不要因为怕胖而减少食物摄取量,不然宝宝会因为缺少营养而发育不良的。

今天为大家推荐一首抒情古筝曲《春江花月夜》,一方面可以缓解孕妈妈的紧张心情,另一方面可以让肚子里的胎宝宝感受不同的乐器声音。

《春江花月夜》原是一首著名的琵琶曲——《夕阳箫鼓》,后来被改编成一首优美动听的古筝独奏曲,是我国音乐宝库中的瑰宝。

此曲弹奏运用的指法技巧细腻而丰富,音乐表现力强。全曲由引子、主题乐段、主题的八次变奏及尾声构成的,是一首极具民族特色的变奏曲。

乐曲描绘出一幅江楼钟鼓、夕阳西下、泛舟江上、箫鼓齐鸣的动人情景。音乐主题具江南风格,极优雅抒情、婉转如歌、气韵优雅、耐人寻味,不愧为万世流芳之作。

第14周
第097~098天 绘本

有香味的书《闻闻大自然的味道》
吸收大自然的精华与美好

  这个阶段，或许你已经开始丢三落四、健忘、无法集中注意力，但是不要影响心情噢！你可以出去逛逛母婴店，为自己选购一件孕妇装，再为宝宝挑选点什么！准爸爸就负责为孕妈妈拎包吧！记得噢！要想培养出自信的宝宝，一定要给他足够的爱和安全感。宝宝的社交能力最初就是从父母的关系中得到的，要想他有好的社交能力，那准爸爸就要好好爱孕妈妈，理解孕妈妈。周末的时候也可以投入到大自然中，吸收大自然的精华，让孕妈妈和胎儿可以放松身心。

  今天推荐一本嗅觉书，一本可以闻的绘本，名叫《闻闻大自然的味道》（未来出版社）。之所以在这周推荐嗅觉书，是因为胎儿的味蕾已经慢慢形成，味觉和嗅觉正在发育中。本书由法国玛丽·黛罗斯特（文）、朱莉·诗赫载德（图）创作，是国内引进的首套带香味的书，纯天然材质、无毒无害、安全环保。

  搓一搓、闻一闻，就能感受到8种香气，有"可爱的水果""美丽的水果""憨厚的蔬菜""清新的绿草""娇嫩的花朵""快乐的野花""温柔的树""害羞的香料"。书中充满童趣的语言，符合宝宝成长期五感的学习场景，可以触摸、欣赏、闻，能够增强记忆力和理解能力。从审美角度看，色彩柔和，画面清新。

  法国绘本的画风比较浪漫柔和，人文艺术气息更浓厚，有亲近感，建议孕妈妈多选择。这本书在孕期读完后，建议在宝宝出生后6个月左右再亲子共读，能促进宝宝嗅觉和味蕾的发育。

第15周 第099天 文学

诗经《采葛》
满怀幸福，耐心期待

今天推荐《诗经》中的一篇小诗——《采葛》。在这首小诗中，有我们经常说的"一日不见，如隔三秋"的诗句，具体内容是什么呢？让我们去感受一下吧。

彼采葛兮，一日不见，如三月兮！
彼采萧兮，一日不见，如三秋兮！
彼采艾兮，一日不见，如三岁兮！

诗歌中的"葛""萧""艾"都是植物。诗人思念的人儿，去山中采撷，才一天不见，就好像分开了三个月、三个季节甚至三年！诗句中没有一个跟思念有关的词，但却让人真正地感觉到了那种如胶似漆、难分难舍的情感。这种艺术夸张的手法充分发挥了它的感染力量，即便放到今天，也能引起读者的强烈共鸣感。

这种浓厚的感情，不仅体现在相恋的男女身上，十月怀胎的你是不是也会有这种感觉呢？每一天，都在等待宝贝长大，好想快点见到他的小模样啊！宝贝长得会像谁呢？是爸爸还是妈妈？

让我们幸福地期待，耐心一点，再耐心一点……

第15周的胎宝宝

第15周，胎宝宝的身长大约有12厘米了，体重50克左右，长了不少呢！而且，小家伙开始长眉毛了，不知将来是浓眉还是细眉呢？这个时期的宝贝运动技能大大提升，可以在羊水中自由自在地游泳啦！孕妈妈要格外注意保持好心情哦，因为胎宝宝已经能感受到妈妈的情绪变化啦！

北野武《菊次郎的夏天》

轻松幽默，又极富温情

这是日本著名导演北野武编剧、执导的一部轻喜剧片，由北野武、关口雄介、岸本加世子等主演，1999年6月5日在日本上映。

漫长的暑假又到了，这是每个孩子喜欢的假期，小男孩正男也是。可是当他去找小伙伴玩的时候，却发现大家都跟着家人出去玩了，要么去了海滩，要么去了乡下，而他只能一个人每天写点流水账一样的日记。

正男的父亲很早就去世了，妈妈在一个遥远的地方工作，只有奶奶陪着他。他带上妈妈的地址、拿着零花钱打算去找妈妈。隔壁阿姨知道这件事后心生怜悯，便让自己的丈夫菊次郎陪他一起找妈妈。

北野武饰演的菊次郎是个整天无所事事的人，妻子给了菊次郎一笔钱作为这次旅行的费用，没想到，菊次郎很快就把这笔钱花在赌博上并且输得精光，还把正男的零花钱搭了进去。正男因此哭了，小男孩的眼泪让菊次郎心怀愧疚，于是两人重新踏上寻找妈妈的旅途。

经历了各种曲折，一路搭顺风车，菊次郎带着正男找到了妈妈的家。

电影艺术像其他艺术一样，总是在探讨人性，或展示向往，或寻找美好，或揭露真相。现实生活的残酷让艺术得以去施展自己的手脚，寻找人性中美好的东西。这部温情电影的剧情本身是一个失去父亲的男孩寻找妈妈的过程，妈妈代表了美好。虽然结局并不是圆满的，但是生命本身是一个过程，在寻找美好的过程中，生活就有了快乐，生命就有了意义。

值得一提的是，本片的配乐由日本著名音乐人久石让制作，为电影增色不少，非常值得欣赏。

第15周 绘画
第102~103天

马蒂斯《红色的和谐》
鲜艳无比的红色象征着对生活的热情

红色是炙热的,红色是强烈的,红色是充满热情的,红色是饱含温暖的……

很少有作品是以强烈的、极具冲击力的红色作为主色调来表现的,法国画家马蒂斯的《红色的和谐》则是为数不多的作品中的一件。

一位女子在窗边的餐桌前忙碌着,将新鲜的水果整齐地摆放到盘子中。桌上已有一盘摆放整齐的果盘,还插着娇艳欲滴的鲜花。透过窗户,可以看见蓝的天、绿的草、黄的花……与屋内的植物花纹桌布和墙纸相呼应,充满大自然的美。

除去透视法的特点,整幅画保留了儿童画的那种稚拙、可爱的特性,人物没有精细的描绘,仅仅用线条描绘出轮廓,充满装饰的韵味。画面虽然描绘的是室内的场景,但所有物体的形状轮廓已然不是它们实际的样子,而是经过了变形与提炼,有种将三维空间描绘在了平面空间中的意味,强调点、线、色彩交响乐般的节奏和旋律。

红色是统摄整幅画面的色彩基调,热情而奔放,再用色度纯净的黄色点缀其中,既增加画面的色彩对比感,又起到协调平衡的作用,使得画面不仅不突兀,还格外的明丽静雅。

无论是热情似火的红色,还是女主人精致的生活品味,都呈现出创作者对生活的热爱和热情,也感染着每一位看画的人。

古筝曲《渔舟唱晚》
用心感受"落霞与孤鹜齐飞,秋水共长天一色"

嗨,今天过得怎样呢?听说音乐是给肚里胎宝宝的另一种语言。孕期接受音乐熏陶,可以促进胎儿大脑的发育,尽早开发宝宝的音乐潜能哦。

古筝曲《渔舟唱晚》是一首著名的北派筝曲。高雅的古筝音色,弹奏如此歌唱性的优美旋律,形象地描绘出了湖光山色、夕阳西下、晚霞斑斓、渔歌四起、渔夫满载而归的喜悦的丰收情景。

乐曲开始,通过优美、典雅的曲调、舒缓的节奏,孕妈妈可以感受到一幅夕阳映照、万顷碧波的画面;接着,旋律逐层递减,活泼而富有情趣,确实有一种"唱晚"的感觉;最后,先递增后递减的旋律组成一个循环圈,渔民悠然自得、满载而归的情景在脑海中浮现了出来。

安安静静倾听这如画的典雅音乐,随着音乐的起伏会不由自主地浮想联翩,沉寂在如此优雅、美丽情景中。如醉如痴,遐想悠悠。

法国片《蝴蝶》

质朴美好的忘年交

法国片《蝴蝶》由擅长家庭喜剧的导演菲利浦·慕勒执导，法国童星柯莱尔·布翁尼许和法国影帝米歇尔·塞侯主演。

丽莎，8岁，天真活泼，喜欢提各种各样童稚的问题。生活在单亲家庭的她放学后在咖啡厅等待妈妈，许久等不到人，于是同在咖啡馆的邻居老爷爷朱利安便邀请她去自己家。

朱利安，儿子去世多年。他出于对儿子的承诺，一直在收集蝴蝶。丽莎因为好奇打开了朱利安收放蝴蝶的房间的门。朱利安很生气，把丽莎赶了出去。

有一天，丽莎听说朱利安要去山间寻找名叫"伊莎贝拉"的蝴蝶，便央求老爷爷带她同去。在旅行的过程中，丽莎不停地问朱利安许多只有儿童才会问的问题，朱利安的回答也非常睿智。不仅如此，丽莎还是个"麻烦制造者"，她放走了朱利安采集的蝴蝶，后来又掉进了一个山洞。朱利安非常焦急，找来了急救人员，丽莎的妈妈也闻讯赶来。

故事本身情节很简单，叙事也平平淡淡，但是电影的氛围温暖动人。生活化的叙述是法国电影的优秀传统，但这并不意味着电影的主旨并不深刻。两人千辛万苦地找到了"伊莎贝拉"蝴蝶，但在电影的结尾，"伊莎贝拉"蝴蝶被丽莎小心翼翼地放飞，她贴在朱利安的耳旁说："我妈妈的名字也叫伊莎贝拉"。在这里，蝴蝶本身象征了爱的升华。

导演通过精心设计的影像，彰显了蝴蝶般的色彩表现力。同时，原声音乐能很好地融于一个老爷爷和一个纯真女童的问答之中。而且，《蝴蝶》的对白是为数不多的、有诗意的电影对白。正是这一老一少的关系，使这种诗意非常自然。

"伊莎贝拉"蝴蝶，被誉为全欧洲最美丽、最罕见的飞蛾。有趣的是，这部电影结尾处有一段长达4分钟的"伊莎贝拉"蝴蝶破茧成蝶的画面，这段纪录片式的画面让人感受到了生命从开始到绽放的过程。推荐给孕妈妈观看。

梵高《向日葵》
对未来充满期待，元气满满

向日葵又叫太阳花、朝阳花，是充满希望、向阳而生的代名词，它们抬起可爱的面庞迎向太阳，仿佛带着爱慕，带着眷恋，带着期盼，就像孩童望着自己的父母那般。

梵高一生中画过很多幅向日葵，他将自己比拟为向日葵，有着太阳一般黄橙橙的温暖色彩，这幅插在花瓶中的向日葵现藏于荷兰阿姆斯特丹梵高博物馆。

梵高笔下的向日葵花瓣富有张力，线条流畅，笔触厚实，黄色色系的组合与运用，将向日葵绚丽的光泽、饱满的轮廓刻画得淋漓尽致，将每一朵向日葵都表现得动人心弦。梵高的作品是有灵魂的、有生命的，例如这些向日葵如同跳动的火焰，颜色明亮简洁、鲜艳夺目，被称为"黄色的交响曲"。

在画作中，我们看不见向日葵的具体轮廓线，而是用一种通过色域或色块的方式对向日葵进行描绘，有一种整体感。在梵高豪放而又多变的艺术笔法下，每一朵向日葵呈现出不同的姿态，但却都充满了生命力。这些栩栩如生的向日葵，表达着狂热的生命激情，这也正是梵高一生都在渴望的生命热忱。通过向日葵，梵高向大家展现了他对生命的感悟和理解，更展示出了他个人独特的精神世界，也在启迪我们，要热爱生活、珍爱生命，要对生活充满激情和希望。

每一个新生儿都是一个家庭的希望，都是一颗希望的种子，孕育新生命的孕妈妈也要保持一个美好的心态，对未来的生活充满希望。

第16周
第109~110天 音乐

约纳森《杜鹃圆舞曲》
走进春天,感受春意

在孕中期,孕妈妈身体还不算沉重,可以出外旅行或活动,呼吸新鲜空气,多晒晒太阳,对自己和宝宝都是百利无一害的。不过,为确保安全,外出时,最好有准爸爸担当"护花使者"。

这周的胎宝宝是不是给你一个很大的惊喜呢?第一次感受到胎动,会让孕妈妈更直观地感受到胎宝宝的存在。

这个时期,胎宝宝的耳朵发育良好,对声音极其敏感,能分辨和听到各种不同的声音,还能学习和记下来呢。所以,此时是音乐胎教最好的时期。孕妈妈可以多听一些不同乐器、不同风格的音乐来丰富胎宝宝的声音环境。不过我们最好选择温柔、抒情、优雅的音乐哦。

《杜鹃圆舞曲》是挪威作曲家约纳森创作的一首由钢琴曲移植的手风琴乐曲。在节奏和曲调上,具有挪威民间舞曲的风格。

全曲是C大调,中板采用三拍子圆舞曲的体裁。规律是强弱弱,构成了活泼、轻松、舞动性的节奏感,形成了温和、迷人、愉悦的气氛。清新、流畅的旋律,描绘出一幅生机盎然的景象。聆听杜鹃鸟在大自然中自由飞翔的场景,孕妈妈的心情会随着音乐舞动起来,也能让肚子里的胎宝宝做做运动。同时也可以畅想春暖花开,体味春意,感受春的气息。

第16周
第111~112天 绘本

绘本《万有引力》
一场迷人的视觉盛宴

此时，有些健壮的胎宝宝偶尔会在妈妈的肚子上踢上两脚，如果孕妈妈换个姿势，胎宝宝也会感受到孕妈妈在动，也就是说，胎宝宝已经能够感受到重力的作用了。

今天我给孕妈妈介绍的绘本名称叫《万有引力》（长江少年儿童出版社）。作者陈振盼是美籍华裔作家，是80年来第一位获得凯迪克大奖的华裔科学绘本作家。凯迪克大奖在国际上的地位相当于电影界的奥斯卡奖一样。

作者用非常容易理解的语言和迷人的画面，让重力这个概念变得赏心悦目。孕妈妈在阅读的时候，会暂时忘掉怀孕带来的紧张和负担，进入一场美丽的视觉盛宴中。

另外，虽然说很多物理知识都是上初中后才开始学习，但是在宝宝婴幼儿时期，就可将与日常生活链接的概念传递给宝宝。比如宝宝会有一个敏感期——喜欢扔东西，他在扔的时候你就可以告诉他：宝宝，这是受重力或地心引力的作用，你的玩具扔高高还是要落回地面。

第17周
第113天　文学

毕淑敏《爱的回音壁》
学会爱与被爱

今天，我们继续文学胎教，这一周我推荐一篇散文——《爱的回音壁》。这是毕淑敏的一篇文章，特别适合有孩子和即将有孩子的人读一读，尽早认识到，什么才是对孩子真正的爱，孩子需要怎样的爱。让我们感受一下这篇《爱的回音壁》吧。

"在前所未有的爱意中浸泡的孩子，是否物有所值，感到莫大的幸福？我好奇地问过。孩子们撇嘴说，不，没觉着谁爱我们。"

现在很多家长，给予孩子的爱太多太多了，他们给予的爱都是关怀，甚至溺爱，以至于孩子都麻木了，感受不到了。

"我又问一群孩子，那你们什么时候感到别人是爱你的呢？没指望得到像样的回答。……没想到孩子的答案晴朗坚定！"

孩子的答案是什么呢？可能出乎你的意料！是为家人服务时，被家人肯定时，真正感受到被爱。

即将成为母亲的你，是时候考虑孩子的爱与被爱问题了，将来给孩子最大的礼物，就是让他学会爱与被爱。

第17周的胎宝宝

恭喜胎宝宝顺利进入第17周，现在胎宝宝的个头有鸭梨那么大啦！它的小嘴巴已经发育得很好了，一张一合，还可以进行吞咽，虽然味蕾已经发育好，但是依然尝不出味道，需要再等等哦。宝贝的运动技能又增加了，不仅可以抬头低头，还能弯曲和伸展身体，时不时地还会"伸个懒腰"哦。

第17周
第114天 影视

全世界最好看的电影之一《中央车站》

爱和成长永远是最好的情愫

　　一部好电影通常会散发出特定时代的气息、展现特定时代的人物,《中央车站》就是这样的一部好电影。

　　该剧的故事发生在巴西,是巴西电影的复兴之作。即使这部电影的拍摄和上映时间都是20多年前,但今天的世界仍需要更多像这样能够把握时代脉搏的电影。

　　电影根据阿尔巴尼亚作家伊斯玛依尔·卡达莱的小说《破碎的四月》改编,巴西导演沃尔特·塞勒斯执导,乔·伊曼纽尔·卡耐偌、沃尔特·塞勒斯等人主演。

　　电影讲述了一个叫约书亚的小男孩寻找父亲的故事。朵拉在巴西里约热内卢的中央车站给不识字的人代写信,加一元可以代寄信。约书亚要写信给素未谋面的爸爸,妈妈安娜带着他找到朵拉。然而,朵拉和邻居艾琳以拆开人们的信为乐,读到不喜欢的就撕碎了。

　　约书亚的妈妈在车站外遇车祸死去,朵拉把约书亚卖给了人贩子。但是,约书亚寻找父亲的执念感染了朵拉,经过心理挣扎,朵拉赎回了约书亚,并且陪着约书亚踏上了寻找父亲的旅途。旅途中,朵拉逐渐找到了自己的初心。

　　导演塞勒斯最初的创作是在纪录片领域,或许是因为这一原因,《中央车站》的一些段落尤其是群体场面的一些拍摄手法带有纪录片的气质。例如电影的开场,中央车站里,一个又一个不同的巴西平民面对镜头说着一段想要写在信里的话,这样的镜头运用令影片对巴西社会背景的交代更具有真实性,对电影内核的支撑具有了更广阔的意义。

　　中央车站这一极具象征意义的场景,几乎就是巴西社会的缩影。也正是因为巴西在那个年代经济低迷,社会状况频出,于是人们才更需要找到意义、找到信仰,找到爱、找到根。

第17周
第115天　绘画

扬·凡·艾克《阿尔诺芬尼夫妇像》

以爱之名，缔结婚姻

　　这件作品是15世纪荷兰画家扬·凡·艾克创作于1434年的一幅木板油画，现藏于英国国家美术馆。

　　通过画面中人物服饰、家具陈设等可知，这件作品描绘了荷兰典型的富裕市民家庭的新婚场景。男主人名叫阿尔诺芬尼，是扬·凡·艾克现实中的朋友，画家为了纪念这一幸福的历史时刻，创作了此幅油画。阿尔诺芬尼右手的姿势是一种宣誓，表明自己对妻子和对婚姻的忠诚，他的左手还握住妻子的右手，寓意妻子作为其终身伴侣的身份，更表明他对妻子深深的爱意。女主人宽大的衣服是尼德兰市民阶层中一种富有者的装束。特别需要说明的是，她的左手是在握着衣服，而不是抚摸肚子，刚刚新婚，她还没有怀孕。

　　整幅画面色彩细腻、严谨，风格冷静，但地板上的小狗又突显了可爱、有趣之意。灯上的蜡烛、墙壁上悬挂的镜子、地板上的鞋子、顽皮的小狗等物品都极具象征意义，象征了婚姻的纯洁、忠诚与幸福。画面洋溢着虔诚与和平的气氛，再现了15世纪荷兰市民生活的一景，开启了后来风俗画和室内画最早的先例。

　　很多观众都认为女主人公是一位孕妈妈，其实不是，但阿尔诺芬尼夫妇必然是期待新生儿的到来的。

第17周
第116~117天
音乐

帕赫贝尔《卡农》
轻柔，和谐而温暖

本周胎动是不是更加明显呢？胎动说明胎宝宝发育得很好，在孕妈妈的体内自由地活动着自己的关节。这时不妨在倾听音乐的同时加上一些舒缓的运动，使胎宝宝对孕妈妈的动作刺激做出自己的反应，还有助于胎宝宝身体运动功能的生长发育。

《卡农》是德国音乐家帕赫贝尔为纪念妻子而创作的作品，卡农并不是音乐的曲名，而是曲子的曲式结构。

全曲从头到尾只有八个和弦，来回重复着，虽说曲子和弦、结构简单，但声部之间衔接完美无瑕，一个声部追逐着另一个声部，在不知不觉中旋律上升。这真的是超乎想象的著名创作。

每个人在不同的地方聆听帕赫贝尔的《卡农》，都会有不一样的心情。乐曲开始轻柔、和谐而温暖，音乐慢慢加重，孕妈妈随着音乐的旋律，脑海中会不断地浮想出种种美好的回忆，同时又憧憬着无比美好的幸福未来。

第17周
第118~119天 绘本

宫西达也《好饿的小蛇》
愉快的阅读体验

　　孕中期是孕妈妈最值得享受的一段时光，孕妈妈会比平时更平静、温和、从容，所以好好享受这段平静的生活吧！因孕晚期可能会身体不便，建议你在孕中期准备待产用品和宝宝用品！婴儿床需要提前买好以便放味儿，被褥衣物需要提前清洗，这是个大工程呢！孕妈妈如果运动量大，可能会经常饿肚子，所以多备些营养健康的零食，如无糖饼干、粗粮饼干、全麦面包、酸奶、坚果、果干等。

　　由于本周孕妈妈感受到的胎动越来越强烈，像一条小蛇一样蠕动，所以今天为你推荐的绘本名称叫《好饿的小蛇》（二十一世纪出版社）。本书的作者是日本知名的绘本大师宫西达也，很多宝妈都知道他的恐龙系列绘本。

　　《好饿的小蛇》构图简单、颜色明快、轮廓清晰、线条干净，以幽默的方式给孕妈妈和小宝宝提供快乐的阅读体验。孕妈妈在孕期读完后，还可在宝宝18个月左右时给宝宝阅读。在阅读这本绘本的时候，宝宝可以认知数字、形状、水果等。在阅读的过程可以学着扮演小蛇，例如学着小蛇吃水果的样子，水果可以用实物代替，亲子陪伴的质量会更高。爸爸妈妈也可以提前做功课，了解绘本中几种水果的营养价值，在和宝宝交流的过程中，既促进语言交流，又有生僻词的摄入。等到宝宝语言爆发期，他的表达会更清晰，理解能力和大脑的链接能力也会更强。0~6岁时坚持阅读的孩子，上学后学习会相对轻松，所以从孕期就开始坚持阅读吧！

第18周
第120天 文学

世界经典《小王子》
既献给孩子，又献给大人的哲理童话

今天，为孕妈妈推荐一部儿童小说——《小王子》。这是一部非常感人的作品，讲述了小王子从自己的星球出发，前往地球时的种种经历。

"当时，我对丛林中的奇遇想得很多，于是我也用彩色铅笔画出了我的第一幅图画，我把我的这幅杰作拿给大人看……大人们劝我把这些画着开着肚皮的或闭上肚皮的蟒蛇的图画放在一边，把兴趣放在地理、历史、算术、语法上……就这样，在6岁那年，我就放弃了当画家这一美好的职业……"

我看了两遍《小王子》。第一遍是上大学时，还没生孩子，说实话没有太多想法；但是当我生完孩子后，为给孩子讲睡前故事而再读《小王子》时，它给我的教育太深刻了。现实生活中，家长们无情扼杀孩子兴趣的例子，简直太多了。每当我读到开头的这一段，都替书中的孩子感到惋惜，并思考我自己该对孩子做什么。关于孩子，关于育儿，值得每一位爸爸妈妈思考。

第18周的胎宝宝

第18周，胎宝宝身长有20厘米左右，体重大约190克，手指尖和脚趾尖肉垫已经形成，指纹也开始出现了。眼睛和耳朵逐渐移向正确的位置，绒毛覆盖全身，肠道运动也开始了。此时的小宝贝，简直是运动健儿，各种戳、踢、扭、翻，胎动感觉越来越明显了，试着数一数宝贝的可爱瞬间吧。

励志片《奇迹男孩》

带给孕妈妈温暖而真挚的力量

《奇迹男孩》是一部典型的美式家庭励志电影，电影的情节并不复杂：天生有脸部缺陷的小男孩奥吉，刚出生就吓坏了产房里的人。由于这一缺陷，奥吉10岁之前都在家里接受妈妈伊莎贝尔的教育。奥吉10岁之后，虽然爸爸内尔反对，但是妈妈力主他去学校接受教育。

奥吉也是有梦想的人，他的梦想是当一个宇航员。去学校之前，奥吉想象着自己戴着宇航员的头盔、穿着宇航服受人瞩目、备受欢迎。

但是，奥吉去学校之后，不可避免地被同学嘲笑，一开始很艰难。他有了朋友杰克，但杰克只是因为受了老师的委派才这样做，而且他还在背后说奥吉的坏话，这让奥吉很伤心。当杰克知道自己无意中伤害了奥吉之后，他改正错误，打了伤害奥吉的同学，成了奥吉真正的朋友。

在一次夏令营的活动中，奥吉和杰克在树林里被高年级学生欺负，两人被他们按倒在地。这一次，奥吉的同学们都来帮忙，打跑了高年级的学生。奥吉终于感受到了同学的友谊，慢慢融入了这个集体。

孩子的早期教育，意义巨大，但在孩子的整个童年里，影响最大的是家庭成员之间的相处模式。没有伊莎贝尔和内尔这样相处融洽的父母，很难想象恶劣家庭环境对这样一个天生有缺陷的人会造成什么样的伤害。妈妈对奥吉从来都是鼓励、肯定，让他感受到爱。爸爸陪儿子玩游戏，给予儿子男人的鼓励。家里所有的重要事情，爸爸都会参与，这样的亲密关系是奥吉的依托。

电影从几个不同视角切入，展示了与奥吉有关的几个人物故事。导演采用这一叙事方式的背后原因是，成长是存在于周边环境下的，观众能够更客观地了解这些角色在整个故事中的感受，也更能突出只有这样有爱的环境才是奥吉健康成长的关键。虽然电影中的人物设置过于理想化，但并不影响其真实性。整部电影的氛围温暖动人，并有启发性。

第18周
第122天 绘画

毕加索《梦》
甜蜜而美好

梦，既真实，又虚幻，是每个人都亲身经历的一种现象。尤其是在孕期，做梦的频率会更高些。

西班牙画家巴勃罗·毕加索的《梦》描绘了一位坐在红色沙发上做梦的少女形象。少女靠坐在大红色的沙发上，双手微微交叉于腹部，右肩略微耸起，头部右倾倚靠在右肩上，双眸紧闭，这些状态都表明少女已经进入了梦乡……

毕加索画笔下的少女梦应该是甜美的，因为画面整体色调温暖而明快，色彩单纯，以红色、黄色为主。不知是环境色的考量还是情感的表达，少女面部、颈部和肩部的肌肤泛着粉色的光芒，这也体现出少女的青春与美好。至于少女做了怎样的梦，无人知晓，这也从另一方面给画作增添了一缕神秘的色彩，给观者更多的想象空间。

关于这个少女，还有一则美丽的小故事：1927年，47岁的毕加索与17岁的少女德雷莎在火车站初次相遇，也许是命运的安排，这个女孩从此成为毕加索绘画和雕刻的模特，在毕加索的很多作品中，都能见到德雷莎的身影。

琵琶独奏曲《彝族舞曲》
带孕妈妈感受彝族风情

现在是孕妈妈最为舒适、幸福的时期,每天睁开眼睛,最幸福的就是感受胎宝宝在自己腹中游动吧。不过,数胎动是你每天必做的功课了。一般每天早、中、晚各数一次,将三次测得数值和乘以4,就是12小时的胎动数。数胎动时,要在安静的环境下,集中注意力进行。

胎宝宝每天在孕妈妈肚子里做各种动作,对外界的声音极其敏感和好奇。今天为宝宝带来一首少数民族风格的琵琶曲《彝族舞曲》。

这是一首琵琶独奏曲,是王惠然根据云南彝族《海菜腔》《烟盒舞》创作而成。此曲全面地描绘出彝家山寨迷人的夜色和人们欢乐舞蹈的场面,使倾听者深刻地感受到云南彝族乐曲的风格特点。旋律抒情、优美,朦胧而自由;节奏粗犷、强烈,坚实有力,富有浓郁的民族特色。因深受众多音乐家的喜爱,此曲还被改编成古筝、扬琴、三弦等独奏曲及管弦乐曲。

第18周
第125～126天 绘本

绘本《乌龟一家去看海》
给孩子耐心的、默默的陪伴

有研究表明，孕妈妈如果长期处于抑郁或焦虑不安等情绪过度状态，易导致胎宝宝发育不正常，尤其易出现腭裂或唇裂等问题。孕妈妈的不良情绪也会被胎宝宝感知到，情绪不平稳宝宝出生后易哭闹，安全感不足，同时可能会造成不同程度的感统失调。所以孕妈妈要记得保持积极向上的心态，对即将出生的宝贝充满希望，想象一家人相处的幸福场景。今天为你介绍的绘本名称叫《乌龟一家去看海》（接力出版社）。

这本绘本是中国绘本作家张宁2009年开始关注并创作的。绘本采用原创布艺画风，色彩温暖而有力量，非常有中国民间艺术的文化特色。大概内容是：春天来了，小乌龟壳壳一家从冬眠中醒来，他们想去看看大海。大海远不远呢？大海是什么样子呢？听说大海里有长翅膀的大鱼，有飘来飘去的小伞兵，还有害羞的大海怪……小乌龟壳壳勇敢地迈开脚步向前走，越过草地、穿过池塘、翻过大山……在爸爸妈妈的陪伴和朋友的帮助下，一步一步实现了自己去看大海的梦想。

绘本中，爸爸妈妈全程只是默默地陪伴小乌龟，没有任何干涉，这是一种无形的力量。所以小乌龟一路上勇敢地学习和问路，更重要的是一路上不管遇到什么困难都坚持自己的梦想不放弃。最终，小乌龟实现了自己的梦想，看到了大海。那么在家庭教育当中，我们也要适当放开手并且有耐心地、默默地陪伴孩子，有助于孩子形成勇敢、自信、坚毅的性格，遇事自己有能力去解决问题。

你在孕期读完后，建议等孩子2岁半时再一起亲子共读。

第19周
第127天　文学

泰戈尔《生如夏花》
像夏花一样生得绚烂

今天，为孕妈妈推荐一首泰戈尔的诗——《生如夏花》。泰戈尔是印度著名的作家、诗人。其实他创作了很多体裁的作品，如诗歌、小说、戏剧等，但是对世人影响最深的还是他的诗歌。让我们来感受一下吧。

> 我相信自己
> 生来如同璀璨的夏日之花
> 不凋不败
> 妖冶如火
> …………

孕妈妈可以找来原文阅读全文。这首诗里面，有对生命和爱情的思考，生就要生得像夏花一样绚烂，爱就要付出所有的情感，不留遗憾。人生有太多的经历、太多的情感，我们无法回避，那么就要以积极的姿态迎接它，接受它，收获成熟和幸福。

第19周的胎宝宝

恭喜顺利迈入第19个孕周！这周，胎宝宝的身长大约23厘米，体重250克左右，最大的变化就是胎宝宝的味觉、嗅觉、触觉、视觉、听觉等感觉器官要在相对应的区域发育了，这就进一步为胎教做好准备了哦。

奥斯卡最佳外语片《天堂电影院》
电影画面温馨而美丽

《天堂电影院》是意大利著名导演朱塞佩·托纳多雷的成名之作,故事发生在20世纪40年代意大利南部的一个小镇。那个时候,每部电影在放映之前都会由宗教人士审查,剪掉一些牧师认为不适宜人们当众观看的片段,比如亲吻。

童年的多多喜欢看电影,还喜欢缠着放映师艾佛达,看他如何放映、如何剪电影镜头。在一次考试中,多多帮艾佛达作弊,通过了考试,艾佛达和多多成了忘年交。

青年时期的多多喜欢上了银行家的女儿艾莲娜,但是,这段美好的初恋却遭到艾莲娜父亲的阻挠,多多心如刀割。艾佛达告诉他:"天天待在这个小镇上,会以为这里就是世界的中心"以及那句著名的"生活和电影不一样,生活难多了。"艾佛达鼓励多多离开小镇,去见识更广大的世界。

多年之后,功成名就的多多回来参加艾佛达的葬礼,收到了艾佛达留给他的礼物——当初被审查员剪掉的电影片段。

《天堂电影院》是一部让人一见如故的电影。虽然这部电影的情节来自于异国他乡,但依然会勾起很多人的回忆。早年间的电影院非常热闹,尤其是从小在乡下生活过的人、看露天电影长大的人能理解,对于那些孩子来说,看电影像是过节一样。嘈杂的人群,混合着油炸食物香味的空气,人群中窜来窜去的小孩子。人们总是听到放映机上胶片转动的声音,看到换胶片时银幕上凌乱的线条。在那个年代,电影满足了人们对另一个世界的好奇和向往,那些简陋的电影院都称得上"天堂电影院",是人一生忘不了的美好回忆。

值得一提的是,电影的配乐是著名的意大利电影配乐大师莫里康内所作,大师的音乐高度概括了生活的古早味以及电影在生活中扮演的角色。孕妈妈在观影时,不妨多留心欣赏一下音乐。

第19周 第129天 绘画

克里姆特《吻》
甜蜜而幸福

亲吻是爱人间经常出现的动作，有情侣或夫妻间的亲吻，有父母对孩童的亲吻，但无论哪一种，总是充满温馨与幸福。

这件关于亲吻的作品是奥地利画家古斯塔夫·克里姆特创作的，现藏于维也纳奥地利美术馆。

克里姆特的绘画风格与众不同，有着浓厚的装饰象征主义倾向。"维也纳分离派"就是19世纪奥地利最重要的象征主义派别，克里姆特即属于该派。克里姆特描绘的画面十分强调东方的装饰趣味，充斥着金碧辉煌的华丽之美，《吻》就是这种风格的典型代表作。

在铺满鲜花的草地上，一对男女正在热烈拥吻。男人的双手温柔地抱起女人的头，深情地吻在了女人的脸颊上。女人的左手轻轻靠在男人的左手上，右手紧紧地搂住男人的脖子，脸部则沉浸在无尽的幸福和浪漫的想象中……男人的衣服上布满了长方形、正方形等棱角分明的形状，金色、黑色、灰色点缀其中，象征着男性的刚毅与坚强。而女人的衣服则布满了圆形、正方形，红色、橘色等鲜艳的色彩散布其中，象征着女性的温和与柔美。

画面上各种金片、银片的装饰大大提高了这件作品的艺术魅力，它不仅是一幅画，更是一件工艺性极强的作品。金黄色调、点状的背景以及开满鲜花的草地，这一切组合在一起，把整幅画衬托得唯美而轻柔，让人不管怎样看都能得到一种新鲜而典雅的艺术享受。

女性都是敏感的，而孕期的女性在情感上更加敏感，更加需要来自爱人、家人的情感上的关心与呵护，一个简单的亲吻，便可安抚孕期焦躁的情绪。

弗里茨·克莱斯勒小提琴曲
欣赏他幽默而温暖的琴音

你知道吗？胎宝宝的大脑发育与孕妈妈的情绪有着很大的关系，宁静、愉悦的精神状态是最好的胎教。准爸爸要多多注意哦。旋律优美的音乐，不仅能够缓解孕妈的心情，还可以促进夫妻之间的交流，陶冶情操，增进感情。

今天为孕妈妈介绍一位小提琴演奏家、作曲家弗里茨·克莱斯勒，他出生于维也纳。曾有人说："克莱斯勒不是在演奏小提琴，他简直就是小提琴的化身"，在公众心目中是传奇般的人物。

《中国花鼓》《爱之欢乐》等欢快的小提琴曲均是克莱斯勒的杰作，他为贝多芬的小提琴协奏曲所作的华彩段也是目前被小提琴家们演奏最多的曲目之一，他还写过一些小型歌剧，如《苹果树之花》等。

在演奏方面，他能自然流露出令人亲近的幽默与感怀；技巧上，更是别具一格，表演清新、细腻而优美。他的音乐甘美丰润、富于变化、沁人心脾，形成了自己独特的风格，有着最优美、最个性的音色，感动了无数爱乐人的心。他以轻松自在的方法演奏，像是在邀请倾听者一起进入音乐。建议孕妈妈听听他的音乐。

第19周
第132～133天

绘本《和小鸡球球一起玩》
在游戏中快乐成长

今天推荐的绘本名叫《和小鸡球球一起玩》（长沙少年儿童出版社），作者为日本的插画师入山智。小鸡球球系列在全球的销量超千万册。这套绘本含六个主题《我爱妈妈》《一家人真好》《叽叽叽，是谁啊？》《小蝴蝶，等一等》《藏猫猫，藏猫猫，哇！》《答应得真好》。这套绘本中有许多创意互动游戏，给孕妈妈和小宝宝充满惊喜的阅读体验。宝宝出生后，在游戏中培养宝宝与书本的亲近感，自然而然地开启阅读世界的大门吧。

这6册纸板书涵盖了认识动物、空间大小概念、藏猫猫游戏、亲子间充满爱意的互动等内容。从审美上讲，色彩鲜明，颜色淡雅，结构比例非常符合0~2岁宝宝的审美，建议孕妈妈读完后，在宝宝出生后3个月再进行亲子共读。阅读的最初培养可以放在每晚睡前的30分钟，在亲子阅读中进入梦乡也是很幸福的事情。

嘎嘎阿姨喊道："小鸭呱呱——"

第20周
第134天 文学

诗经《鱼藻》

朗朗上口，气氛欢愉

今天，为孕妈妈推荐《诗经》里的一首小诗《鱼藻》。这首诗读起来朗朗上口，气氛欢愉，充满了无限乐趣。

> 鱼在在藻，有颁其首。
> 王在在镐，岂乐饮酒。
> 鱼在在藻，有莘其尾。
> 王在在镐，饮酒乐岂。
> 鱼在在藻，依于其蒲。
> 王在在镐，有那其居。

这首诗文字朴实而清新，在语言技巧和结构方式上很像民谣。而且，在"鱼在在藻""王在在镐"中，连用两个"在"，把鱼的欢快和王的快乐活生生地体现了出来！

一群鱼儿在水藻中游玩，大大的鱼头摆来摆去；周王住在镐京城，正自在地喝着美酒。一群鱼儿在水藻中游玩，长长的尾巴摇来摇去；周王住在镐京城，正逍遥地畅饮美酒。一群鱼儿在水藻中游玩，在蒲草中多安详啊；周王住在镐京城，真是个安居乐业的好地方啊！

> **第20周的胎宝宝**
>
> 恭喜你顺利进入第20孕周，这周胎宝宝的身长大约25厘米，体重有300克左右，宝贝的眼睛能动一动啦，但是还不能睁开哦，头发也在迅速增长。注意，宝贝的味觉和听觉都正在发育，所以，胎教不能停下来哦。

青春片《怦然心动》
重温少男少女的情感世界

《怦然心动》是一部根据文德琳·范·德拉安南的同名小说改编的青春期电影，由罗伯·莱纳执导，玛德琳·卡罗尔、卡兰·麦克奥利菲等主演。

1957年夏天，正上小学二年级的小男孩布莱斯随着全家搬往一个新的小镇。搬家时，新家的邻居小女孩朱莉第一眼就喜欢上了布莱斯，主动提出帮他们搬东西。后来，到了学校里，朱莉也一直缠着布莱斯，这让布莱斯感觉很烦。

就这样一直到了六年级，布莱斯为了摆脱朱莉，开始追求一个叫雪莉的女孩。后来，布莱斯的哥们儿也开始追求雪莉，并把布莱斯追求雪莉的初衷告诉了雪莉，雪莉很生气，和布莱斯分手了。而朱莉仍然一如既往地喜欢布莱斯。

朱莉喜欢在一棵大树上看风景，不愿这棵树被砍掉，所以就在树上不肯下来，连消防队都出动了。朱莉让布莱斯帮她，但是他没这么做，大树终是被砍掉了。

朱莉家养了很多鸡，鸡下了很多蛋。朱莉把鸡蛋送给布莱斯，但是布莱斯的爸爸觉得有细菌，所以布莱斯都偷偷扔了。有一次，朱莉发现了这件事，非常伤心，布莱斯感到很歉疚。

布莱斯的外公很喜欢朱莉，一老一少总是一起聊天。布莱斯从外公的言谈中逐渐发现自己喜欢上了独特的朱莉，想与朱莉和好，但是朱莉却不想原谅他。电影的结尾，布莱斯在朱莉家的庭院里种了一棵梧桐树，两人和好如初。

这部电影将青春期的小男孩和小女孩的故事娓娓道来，在当今这个时代并不多见。这个故事让我想到"纯真"这个词。即便你知道剧情，也会有想看的冲动，因为那种少男少女的心思在我们每个人身上都曾出现过。男孩和女孩对世界、对感情的认知存在巨大差异，即使在相同的年龄段，女孩对世界的感受通常更"通慧"，这种不同视角间的转换很容易带来令人会心一笑的微妙感受。

安杰利克《受胎告知》
最初得知喜讯的心情是复杂的

大多数人在最初确认怀孕的那一刻，心情是复杂的，各种情绪交织在一块，有喜悦，有激动，有迷茫，也有惊慌……但无论是哪一种，复杂过后终将归于期待。

《受胎告知》这件作品是意大利佛罗伦萨画派画家弗拉·安杰利科的一幅祭坛画，现藏于佛罗伦萨圣马可修道院。《圣经·新约·路加福音》中提到：天使向玛利亚告知她将受到圣灵感孕而即将生下耶稣，后世称之为"受胎告知"或"天使报喜"。这件作品表现的便是这一神圣的时刻。

天使的翅膀显示出她特殊的身份，双手呈上下状抱于胸前，头微微低下，似在低声诉说。玛利亚跪在天使的面前，双手交叉于胸前，身体微微前倾，呈现出虔诚、恭敬的姿态。画面的左后方还绘有一位修道士，双手合十，静立一旁，态度虔诚。房屋的静态描绘及人物的形态刻画稍显稚拙，但已能明显看出写实手法的运用。玛利亚的静态与天使的动态形成对比关系，但这并没有使画面冲突，反而融合在了一起，构成画面的温馨感与优雅感。

画面整体采用暖色调，运用透视法，表现静谧、神圣的画面。虽然作品没有摆脱中世纪的宗教束缚，但这些特点更显得画面抒情与柔美。安杰利科就像一位天使般的修道士，一直在描绘着宗教世界里的理想化之美。

第20周
第139~140天
音乐

莫扎特《小步舞曲》
随音乐一起舞动吧

　　进入这一周，胎宝宝开始学习分辨人声。准爸爸可以多多抚摸孕肚并与胎宝宝对话，让胎宝宝感受浓浓的爱。在与胎宝宝交流时，配上音乐后效果会更好哦。

　　沃尔夫冈·阿玛多伊斯·莫扎特是古典主义时期的奥地利作曲家，维也纳古典音乐派代表人物之一。他一生创作了很多不同体裁与形式的音乐作品，作曲风格兼具旋律及艺术性，为后人留下了众多世界级珍贵音乐作品，至今仍能顺应时代的变迁而不朽。

　　《小步舞曲》是莫扎特著名的音乐小品之一，被改编为钢琴、小提琴独奏曲。乐曲是D大调，3/4拍强弱弱的节奏，轻快愉悦而娇媚婀娜，再现了洛可可风格的精致与优雅。不急不躁的典雅音乐使孕妈妈在旋律中平复心境。孕妈妈在倾听欣赏时，会感受到一种荡漾感；也可以轻轻迈开步伐，随着乐曲缓缓摆动身体。

　　孕妈妈、准爸爸带着胎宝宝随音乐一起舞动吧。

第21周 第141天 文学

纪伯伦《致孩子》
用爱滋养孩子

这周的文学胎教,我推荐一篇纪伯伦的散文诗——《致孩子》。虽然表面上写孩子,其实文中处处都是为人父母之道,对即将成为爸爸妈妈的人,非常有启发意义。

你的孩子,并不是你的孩子。
他们是由生命本身的渴望而诞生的孩子。
他们借助你来到这世界,
却非因你而来。
他们在你身旁,却并不属于你。
你可以给予他们的,是你的爱,
而不是你的想法,
因为他们有自己的思想。
你可以庇护的是他们的身体,
而不是他们的灵魂,
因为他们的灵魂属于明天,
属于你做梦也无法到达的明天。
············

> **第21周的胎宝宝**
>
> 这周胎宝宝的身长大约27厘米,体重有350克左右,手指甲、小嘴唇差不多都长好啦,小家伙的运动更加频繁,还经常抚摸自己的小脸蛋,嘴巴一张一合,好像在自言自语,踢腿、翻筋斗更不在话下。

第21周
第142天

视角独特的电影《本杰明·巴顿奇事》

返老还童的唯美故事

讲述一个人的一生的电影有很多，比如著名的《阿甘正传》。大多数此类电影的主角都是按照正常人的年龄顺序以及与之匹配的外貌来讲述。今天为孕妈妈介绍一部视角非常独特的电影《本杰明·巴顿奇事》，主角有着逆生长的外貌和正生长的年龄。当别人是个婴儿的时候，他像个老年人；当别人老态龙钟的时候，他像个婴儿。没错，它讲述了一个返老还童的故事。

本杰明一出生就是个老头子的模样，为此，他被亲生父亲抛弃。善良的黑人妈妈收养了他，抚养他长大。12岁的时候，本杰明见到了6岁的黛茜，心中萌发了爱意。十几年后，第二次世界大战如火如荼，本杰明在英国参加反法西斯战争，其间有过一次短暂的恋爱。

战争结束后，本杰明和黛茜第一次重逢，黛茜是个成功的舞者，有自己的伴侣。

第二次重逢的时候，黛茜受了伤，无法再做一个舞者，她不愿让本杰明看到自己躺在病床上的样子，拒绝了本杰明的看望。

第三次重逢时，两人无论是外表还是年龄都终于和对方匹配了，他们在一起度过了幸福的几年，有了女儿。逆生长的本杰明知道自己会越长越小，于是，他选择了离开……

冲洗过照片的人都知道，底片经过曝光和显影后，与正片的物体或景物的明暗是相反的，色彩是互补的。这部电影的主人公就像我们人生的底片一样。当我们把人生反转过来看时，人的心灵和肉体是完全相反的、错位的，这样的错位使本杰明与黛茜仅有几年可以相互匹配的幸福时光，影片借此暗示未反转的人生每时每刻都很珍贵。

第21周
第143天 绘画

马奈《吹笛少年》
艺术培养从胎教开始

笛声悠扬,听一曲笛音感受音乐的魅力。在本书中,韩飞杰老师为孕妈妈推荐了很多胎教音乐,培养胎宝宝的音乐审美。今天,我们换个角度欣赏音乐。

看这幅画,法国皇家卫队的一名年轻的轻骑兵正在吹奏短笛:少年上半身穿着黑色的衣服,下半身穿着红色的裤子,这一黑一红形成了色彩的对比关系,右腿为支撑点,左腿自然向外延伸,身体微微向左侧倾斜,金色的乐管挂在身前,双手的手指按压在乐器的孔洞上,眼睛注视前方,若有所思,嘴唇吹动着短笛,婉转、悠扬的笛声仿佛从画面中溢出来,流淌进我们的耳朵。

画家马奈年少时,曾经当过一段时间的水手,后来又报考海军学校,因此他对士兵有一种特殊的感情。整幅画作中没有阴影,也没有视平线,依靠色彩的块面堆积来形成轮廓线的分界,弱化了透视感,放弃三维空间的塑造,而是力图追求一种平面感。马奈以最简单的方法创造出了一幅经典的画作。

孕期可以多听听舒缓优美的音乐,多看看世界经典绘画作品,有利于缓解孕期不适,也有利于胎宝宝艺术审美能力的培养哦。

第21周
第144~145天
音乐

儿歌《铃儿响叮当》
拉开幸福的帷幕

随着孕期的推进，胎宝宝的体重会逐渐大幅度增加，现在他的听力也达到了一定水平。一定坚持多对胎宝宝说话，进行爱的抚摸，当然了，音乐胎教也要坚持哦。

音乐胎教能促使胎宝宝的大脑发育，还可以尽早开发音乐潜能，与性格培养也有着重要的关系。实践证明，接受过音乐胎教的胎儿，出生后性格开朗、智商较高、反应快、喜欢音乐、乐感也很强；音乐也能让孕妈妈开心、舒适地度过孕期。

《铃儿响叮当》是一首脍炙人口、气氛欢快、曲调流畅的美国歌曲，是由詹姆斯·罗德·皮尔彭特作词、作曲的经典圣诞歌曲。乐曲运用节奏塑造出马儿奔跑、铃儿叮当的欢快景象。生动地刻画了孩子们在雪橇上飞奔向前的情景，充满欢笑的歌声在风雪中回荡着。

以情带声，情声造景。孕妈妈可随着如此有律动感的音乐，哼唱朗朗上口的歌词。一边愉悦地聆听，一边欢乐地哼唱，胎宝宝在腹中也会一起舒缓地活动。音乐响起，幸福的帷幕即将拉开！

绘本《袜子小白》

色彩浓烈，富有想象力

今天为孕妈妈推荐的绘本是《袜子小白》（上海文化出版社），作者是日本的小木屋工坊，由阿部健太郎与吉冈纱希组成的一个绘本作家二人组。两个人曾获第7届日本童画大奖准优秀奖，主要绘本作品有《我救了一只大王乌贼》（日本铃木出版，获第20届日本绘本奖读者奖）、《夜黑黑》（日本偕成社）、《小灰尘的学校》（日本小学馆）等。

这本绘本的大概内容是：袜子小白被风吹跑了，孤零零的一只怎么办？快帮它找到伙伴吧！这是由日常生活的小事件发散出的奇思妙想，带领孩子跟着袜子小白一起踏上寻找伙伴的旅程。2只、4只、6只……这些都是什么动物的袜子？让孩子根据数量和形状猜一猜，翻页的时候会有惊喜哦！猜谜互动的环节，非常适合亲子阅读时进行互动问答。不断反转的情节，会让孩子在阅读过程中感受发现的趣味。

光是封面就可以让孩子玩起来的精致设计，配合附赠的精美袜子贴纸来进行游戏，可以让孩子获得无穷乐趣。这本书的风格在绘本界独树一帜。绘本呈现出的画面色彩鲜艳浓烈，配色大胆，各种动物形象夸张、有趣，富于想象力，能够很好地培养孩子的色彩敏感度。推荐孕妈妈读完后，在宝宝2岁左右开始亲子阅读。

第22周
第148天 文学

《安徒生童话》
真诚、友爱和智慧

今天我们看看《安徒生童话》这部文学名著。相信,你之前或多或少读过安徒生童话里的故事吧。

其实,《安徒生童话》不仅适合孩子看,也很适合大人看。在这部跨越了时间、空间的经典作品中,我们不仅能与一个个的主人公一起体会成长的喜怒哀乐,还能从中学到真诚、友爱和智慧。

像《丑小鸭》《拇指姑娘》《豌豆上的公主》《海的女儿》《坚定的锡兵》等,都是脍炙人口的好故事,深受大朋友和小朋友的喜爱。这些故事也是很好的胎教素材。

给肚子里的宝贝读故事时,可以用抑扬顿挫的语调,调动各种情绪,小家伙也感受得到哦,而且还会促进孩子以后的语言和情商发育。

第22周的胎宝宝

现在胎宝宝的身长大约28厘米,体重有400克左右。从外观上看呢,胎宝宝跟新生儿几乎是一样了,就是个子小了些,不过小宝贝在努力地长大。小脸蛋皱巴巴的,红红的,布满了胎毛。宝贝醒着的时间不断增加,而且喜欢听外界的声音,孕妈妈一定要多跟宝宝讲话哦。

第22周
第149~150天 影视

法国音乐片《放牛班的春天》

黑暗中的温暖天使

今天为孕妈妈推荐一部法国的治愈电影《放牛班的春天》，这是克里斯托夫·巴拉蒂执导的首部电影长片，曾获得2005年第77届奥斯卡最佳外语片提名。

著名音乐家莫昂克回到故乡参加母亲的葬礼，多年未见的少年时代的同学佩皮诺来找他，送他一本陈旧的日记。这本日记是当年寄宿学校的音乐老师克莱门特·马修任教时写下的。看着这本日记，寄宿学校的往事一幕幕浮现在眼前。

1949年，法国乡下有一所名叫"池塘之底"的寄宿学校，这类学校被称为辅育院，有不良社会行为的孩子通常会被送到这里接受教育。这群孩子被视为不正常的孩子，像是一群"局外人"。校长对他们的教育方式只是简单粗暴的"犯规—处罚"，而多年职场失意的音乐家克莱门特·马修的到来逐渐改变了这一切。

马修刚进入学校，就看到一位校工被学生的恶作剧弄伤了眼睛。校长为了查出是谁搞的恶作剧，决定让马修随意挑选一位学生进行体罚。正要离开这所学校的前任教师私下告诉马修，是盖贺克干的。马修随后找到这位学生，告诉他，可以不告诉校长，条件是他必须去照顾那位受伤的校工。后来，盖贺克面对校工，深感愧疚。

从这一件事开始，马修时刻都要面对这群不稳定的学生，其中之一就是影片开头出现的音乐家莫昂克。莫昂克有很好的音乐天赋，他来自于一个单亲家庭，平时沉默寡言，但却并不是个乖学生。马修老师用合唱团的方式把这些问题学生的潜力发挥了出来，而校长只关心自己的升职、前途。马修不仅要想办法教育学生，还要应付这个强势、无情的校长。

这部电影像一首叙事的音乐诗歌，优美的曲子不断把马修老师对学生的爱护、学生对老师逐渐接受所产生的感情升华起来，孕妈妈的心情也会随之变得清澈、美丽。

雷诺阿《康达威斯小姐像》

端庄优雅的少女，气质非凡

康达威斯小姐还有一个可爱的小名——艾琳，所以这件作品又被叫作《小艾琳》。小艾琳是当时一位颇有名气的银行家的女儿，在画这件肖像的时候，她才8岁。画家雷诺阿本是出于酬劳的考虑才答应的作画要求，但当他看到这位年仅8岁的美丽小姐时，他的创作热情瞬间便被激起了。

画中的小艾琳安静地侧身坐着，一头金棕色的蓬松头发，垂在胸前和腰间。她身穿一套淡蓝色的洋装，头上扎着小蝴蝶结，显得优雅而安静。双手自然垂放于腿上，脸色略有苍白，一双眼睛目视前方，若有所思的样子。

这件作品属于印象主义风格，没有明晰的线条和轮廓，整幅画面都是由短促的笔触完成。雷诺阿仔细描绘了沐浴在阳光中的小艾琳，把握住了色彩的冷暖变化和相互作用，使得在暗调背景衬托下的小艾琳格外的青春美丽，彰显出一种可爱及优雅之感。

每个孕妈妈都会对腹中的胎宝宝有所想象，是一位风度翩翩的小绅士呢？还是一位端庄优雅的小公主呢？其实无论是他还是她，只要健康、平安便是最好的！

第22周
第153~154天 音乐

小约翰·斯特劳斯《春之声圆舞曲》

尽情享受斑斓美好的春天

　　虽说孕中期是最舒服的时候，但胎宝宝的快速发育多多少少也会给孕妈妈带来各种不适。今天为你带来一首春天的乐曲《春之声圆舞曲》，静心聆听此曲，好似进入了温暖的春天。

　　《春之声圆舞曲》是奥地利著名的音乐家小约翰·斯特劳斯的经典之作。此曲并不是典型的维也纳圆舞曲，而是具有纯粹的音乐表演性质。乐曲节奏变化无常，自由，旋律生动而连贯，带有回旋曲的特征，具有很强的欣赏性。

　　乐曲一开始就好像春天的气息扑面而来，冰雪融化、大地回春，到处洋溢着青春活力，万物绽放着生命的力量；接着旋律平和，大提琴的进入像是生命中第一缕阳光的声音，让人有种旋转起舞的感觉，心情格外舒畅；乐曲继续带我们享受森林中清新的空气和潺潺流水；后面的主题乐曲不如前面欢快，好像在告诉我们春天里偶尔会出现阴云，不过乌云过后，旋律又呈现出春天生机盎然的感觉；最后，乐曲重复第一部分主题再加以变奏，干净利落地结束全曲。

　　听此乐，会有抑制不住想多次回放的冲动。请孕妈妈感受春天的美好，让心灵自由放飞吧。

第23周
第155天

骆宾王《易水送别》
寓意深远,感情强烈

今天,我们欣赏一首古诗——《易水送别》,这首诗的作者是唐朝诗人骆宾王。

此地别燕丹,
壮士发冲冠。
昔时人已没,
今日水犹寒。

燕国的太子丹曾经在易水边为荆轲送行,壮士荆轲慷慨激昂,场面悲壮。昔日的英雄豪杰早已逝去,可是眼前这易水,还是跟过去一样,冰冷刺骨。

关于荆轲,想必孕妈妈应该多少了解一些,他是战国时期著名的刺客,当时与燕国太子丹商量要刺杀秦王,保全燕国。《战国策·燕策三》中的"荆轲刺秦王",就详细记录了荆轲刺杀秦王的历史事件,表现了荆轲信守承诺、勇于牺牲的精神,后人们也都尊称荆轲为大英雄。

第23周的胎宝宝

这周胎宝宝的身长大约29厘米,体重有500克左右,身体越来越匀称。有意思的是,小家伙会尿尿了,而且不停地喝羊水,羊水在体内过滤后排出体外。胎宝宝的听觉已经很敏锐了,而且还掌握了一个新技能,就是能够分辨各种声音。如果孕妈妈与胎宝宝说话或者轻拍肚皮,他还会跟妈妈互动呢!

第23周
第156天 影视

动画片《疯狂原始人》

画面奇美，笑点不断

"太阳升起，带来新的一天、新的开始、新的希望"这一句看似来自小学语文课本里的话，是好莱坞梦工厂出品的动画片《疯狂原始人》的第一句台词。

这部电影讲述了穴居人咕噜一家六口在险恶环境中生存的故事。周围邻居不是被猛犸象踩死就是被沙蛇吞食，或者是得流感死了。而咕噜家在爸爸瓜哥的庇护下，不仅生存了下来，而且过得中规中矩。片中有一句非常关键的台词："他很强壮，他遵守规矩，画在岩壁上的规矩。新的是坏的，好奇是坏的，晚上出门是坏的，一句话，好玩的都是坏的"。这是他们能在原始社会生存下来的法则。

但有一天，山洞被毁，一家人被迫离开家园。外面处处充满了危险，有不知名的凶恶野兽和食人草。旧世界崩溃的时候，岩壁上却没有一条规矩告诉他们该怎么办。

大女儿小伊有着对外面世界的好奇心。有一天，她看见一束光，就趁着大家睡着的时候偷偷溜了出去。她在山顶看到一支火把，以为那就是太阳。借此机缘，她认识了一个少年——盖，后来，盖带来的火把成功解救了大家面临的野兽威胁。爸爸在带领一家人一次次脱离险境的过程中，也懂得了生存不仅仅需要有力气，还要有智慧。

故事人物的造型设定非常有趣。大女儿小伊，穿着一身虎纹皮，顶着蓬松的红色头发，完全像一个现代时尚女郎；爸爸瓜哥穿着一身黑色皮草风的衣服，身壮如牛；小女儿小珊，一根根蜈蚣般的头发扎成刺猬一样的发型，像一个疯狂小动物。每个角色的设定都非常有趣。喜剧类动画电影的一条铁律是，无处不在的夸张手法才能带来无处不在的欢乐。周末的时候，孕妈妈不妨看看此剧，放松一下吧！

第23周
第157天　绘画

德加《舞蹈教室》
舞蹈最提升人的气质

  这是法国印象派画家德加创作的一幅油画作品，德加在年轻时便掌握了安格尔画派的素描技法，即一种古典主义的素描。这种素描追求连贯而清晰的线条，因为这种线条是作品高雅风格的保证。因此，德加也被称为"现代生活的古典画家"。

  德加笔下的绘画题材主要以芭蕾舞演员、赛马及其他女性为主。从1870年开始，德加开始对芭蕾舞女演员题材发生兴趣。这件作品正是描绘了一间舞蹈教室内的场景。德加以教室侧面45度角的位置作为观察点，表现了芭蕾舞教室中一瞬间的场景。

  画作的中心是一位芭蕾舞女演员，她正在认真练习舞蹈动作，左侧坐着一位老者，正在拉小提琴为其伴奏。环绕教室四周，有的舞者正在休息，并伏在钢琴边看伙伴们练习；有的舞者则是在自己练习动作。画面的左下角，小提琴盒斜置于地上，绿色的洒水壶也随意地放着，营造出一种日常、放松的教室场景。

  德加在此作中依然保留了古典素描的技法特点，同时也融入了印象主义对色彩的追求。这种技法不仅展现出了芭蕾舞女演员的优美姿态，更加强化了画面的动感效果，彰显一种运动、活泼之美。

  众所周知，舞蹈是最能提升气质的一项活动，很多孕妈妈在怀孕时期就已经给腹中宝宝规划了舞蹈学习计划了呢！

第23周
第158~159天 音乐

巫娜《荷香淡淡》专辑
直抵心底、心静如水、心无一物

怀孕23周时，由于激素变化，孕妈妈精神和心理上都会比较敏感。准妈妈肚子会突出来很大，晚上可能会入睡困难，导致睡眠不足；白天会感到疲乏、困倦，甚至伴有焦虑情绪发生。这时候孕妈妈最适宜听中国传统音乐。

古琴是中国的传统乐器，是我国古代"琴棋书画"四艺之首，是中华文化中最崇高的乐器之一。琴音有散音、泛音，音质细微、优美而悠长，音色低沉旷远、温柔敦厚。

倾听巫娜老师的古琴专辑《荷香淡淡》，其中的乐曲运用了古琴、萧、琵琶、笛子等多种中国传统民乐，同时又结合了钢琴、小提琴、大提琴等西洋乐曲。

乐曲恰似清泉自心底而过，能带走一切喧嚣、苦闷。静静听来，音乐温柔、婉转，每一首乐曲都能带给孕妈妈心灵的净化。这种心静如水的情绪可以很好地帮助孕妈妈入眠。

第23周
第160~161天 绘本

英文绘本My Very First Mother Goose（鹅妈妈童谣）

英语启蒙从孕期开始

随着怀孕月龄的增加，孕妈妈开始出现恐惧分娩的问题，担心自己能否承受得住那种未知的疼痛，更害怕分娩过程中可能发生的意外。对于大多数的孕妈妈来说，这种担心和恐惧都是存在的，也是正常的。孕妈妈可以多学习一些分娩知识，也可以了解一下其他妈妈的分娩经历，并时刻鼓励自己。分娩是女人一生中必不可少的一段经历，它的确很疼，但这种疼痛所带来的积极意义是宝宝健康顺利地来到你身边，而且无数的妈妈都闯关成功。

今天为孕妈妈推荐的是英国百年"磨耳朵"宝典My Very First Mother Goose（鹅妈妈童谣），作者是伊娜·奥比（Lona Opie）。124首民间童谣涵盖生活的方方面面，其中包含具有教育意义的生活歌、礼貌用语的启蒙歌、静谧安神的摇篮曲、节奏欢快的游戏歌、朗朗上口的数字歌、韵律重复的拍手歌。绘本通过幽默诙谐的方式，激发孩子的求知欲；通过梦幻想象的方式，培养孩子的想象力和创造力。

英语启蒙，建议从孕期就开始，可听一听英文儿歌或童谣，建议每天听15~20分钟。

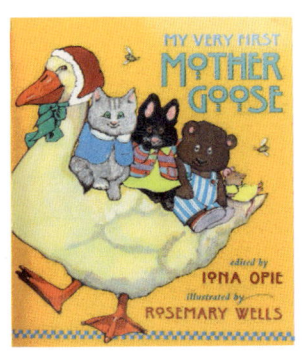

第24周
第162天 文学

杨炯《夜送赵纵》

送别挚友，情谊深厚

今天，我们欣赏一首古诗——《夜送赵纵》，这首诗的作者是唐朝文学家杨炯。

> 赵氏连城璧，
> 由来天下传。
> 送君还旧府，
> 明月满前川。

赵国的连城璧啊，是天底下人人皆知的美玉。今日，我来送你赵纵回老家，就像送出和氏璧一样，真是舍不得啊。你看那明亮的月光，洒遍了整个山川呢！

这首诗是什么意思呢？一看到有"连城璧"，我们会很自然地想到大名鼎鼎的和氏璧，难道这首诗是写和氏璧的？仔细揣摩之后，发现不是，只不过这首诗里用和氏璧打了个比喻，把好朋友赵纵的才华比喻成和氏璧，彰显其非凡出众。孕妈妈不妨大声朗读出来，让胎宝宝感受一下这诗中的魅力吧！

第24周的胎宝宝

这周胎宝宝的身长大约30厘米，体重有550克左右，变得更强壮啦！身体结实了，活动能力也会增强，孕妈妈依然能感觉到频繁的胎动哦。宝宝的大脑发育非常快，肺部细胞也在迅速发育。

第24周
第163~164天　影视

科幻片《星际穿越》

开动脑筋，来一场太空之旅

虽然孕妈妈适宜看舒缓、温暖的作品，但是也别忘了开动大脑哦。

今天为孕妈妈推荐一部科幻电影《星际穿越》。

影片是以诺贝尔物理奖得主基普·索恩的黑洞理论为核心，加上一些当代相关的宇宙理论，比如虫洞，构建的一部电影。然而，电影本身的核心依然是人的情感。

故事讲述在未来的某一天，地球的自然环境急剧恶化。因为枯萎病的蔓延，粮食产量下降，人们缺乏粮食，所以农业成为地球的主要产业。所有的工程师都不需要了，最重要的是农民，曾经的优秀飞行员和工程师——库珀也成了一位农民。女儿墨菲、儿子汤姆时不时在学校里惹点事，但日子也还过得去。有一天，女儿墨菲发现家里的书莫名其妙地从书架上掉了下来。后来，库珀发现家中天花板落下的灰尘受异常重力影响，形成了一些条纹。库珀以工程师的敏锐思维发现这些条纹是摩斯密码，并根据这些密码算出了一个地理位置。找到地方之后才知道，那里是隐藏已久的美国国家航空航天局。

美国国家航空航天局发现土星附近出现了一个虫洞，而虫洞理论认为星际旅行可以通过虫洞压缩星际空间的距离，因此可以借助虫洞寻找适合人类居住的新家园，拯救人类。而库珀就是美国国家航空航天局要找的宇航员。库珀接受了布兰德教授的出征请求，然而，在星际旅行的过程中，他逐渐发现，按照布兰德教授的计划，他和家人可能会永久分离，于是他决定想办法回到地球。

导演诺兰一直擅于用非线性时间讲述故事，看他的电影需要动一番脑子。在本片中，时间本身成了制造人物之间关系的一个重要元素，在飞船上的一年相当于地球上的七年，这就会造成库珀的儿女先于自己老去。本片大受欢迎的原因正是科幻元素和情感元素并重。

第24周
第165~166天
绘画

拉斐尔《雅典学院》
腹有诗书气自华

书中自有黄金屋，书中自有颜如玉。
人不读书枉少年。
腹有诗书气自华。
书是人类进步的阶梯。
读书改变命运。
……………

古今中外，读书与学习一直是人类发展的重中之重。无论哪个时期，大学者总是被人敬仰的。正如《雅典学院》这件作品，描绘了众多学者名家。

这件作品是意大利画家拉斐尔创作的一幅壁画，现藏于意大利梵蒂冈博物馆。作品主要描绘了公元前4世纪古希腊哲学家柏拉图开办雅典学院的逸事。真实的历史场景是柏拉图在户外的森林中开办了雅典学院，但在此作中，拉斐尔展开了丰富的艺术想象，将这一逸事描绘在高大恢宏的古典建筑里，使得这一事件更加高大上了。

整幅画作以纵深展开的高大宏伟的建筑拱门为背景，描绘了11组共计57位学者名人辩论、思考的场景。画面的中心是柏拉图和亚里士多德，柏拉图手指向天空，亚里士多德手指向大地，他们边走边谈，讨论十分热烈。其余的人物则代表了古代文明中的7种学术——语法、修辞、逻辑、数学、几何、音乐、天文。拉斐尔通过此作追忆古希腊那个高度理想的黄金时代，借以寻求文艺复兴与黄金时代的历史渊源，表达对古希腊黄金时代的崇尚之情。拉斐尔以高水准的透视水平，增强了画面的空间感和立体感，使画作充满深层的古典文化气息，人物形象刻画不仅栩栩如生，而且极具时代感，堪称西方艺术史中的经典之作。

很多父母对于孩子的学习都有一种莫名的焦虑，担心孩子学不会、学不好，甚至一些孕妈妈在胎教时便把量子物理等超高难度的图书准备好了。其实不必，只要引导好学习方向，培养好学习习惯，孩子的自主学习能力可是很强的呢。

第24周
第167~168天 音乐

柴可夫斯基《四小天鹅舞曲》
跟随舞动的天鹅摇摆起来

嗨！孕妈妈今天过得好吗？今天我为你准备了一首欢快而舒适的芭蕾舞剧曲。

《四小天鹅舞曲》是柴可夫斯基的芭蕾舞剧《天鹅湖》第二幕中的舞曲，是最受人们欢迎的舞曲之一。

乐舞以八分音符为伴奏音型，以二重奏的音乐形式呈现；音乐轻松活泼，节奏干净利落，跳跃性很强。独自聆听使人的心情舒畅，赶走烦闷的情绪，从而提高了兴致。

整首乐曲的速度轻快，形象地描绘出了天真、活泼、可爱的小天鹅在湖畔嬉游的情景。孕妈妈欣赏着音乐，脑海中会浮现出有趣的画面。将这份美好传递给胎宝宝，一起跟随舞动的天鹅摇摆起来，是欢乐，是放松，更是幸福。

第25周
第169天 文学

李白《清平调·其一》

人花交映，辞藻艳丽

今天我们来欣赏一首古诗——《清平调》，这首诗的作者是唐代大诗人李白。

> 云想衣裳花想容，
> 春风拂槛露华浓。
> 若非群玉山头见，
> 会向瑶台月下逢。

她的衣裳像彩云一样，那么飘逸柔美；她的容貌像鲜花一样，那么娇艳妩媚。连春风都为她把栏杆吹暖，连露珠都为她闪耀光芒。如果在群玉山上看不到她的倩影，那么在瑶台的月色下，一定能与她相逢。

诗中的美丽女子是谁呢？有的孕妈妈可能已经猜到了，没错，就是杨贵妃。李白在诗中通过描写各种场景，把杨贵妃比作仙女下凡，真是太精妙了，尤其是这句"云想衣裳花想容，春风拂槛露华浓"更是被后人广为传唱。

第25周的胎宝宝

胎宝宝有6个多月大了呢，这周胎宝宝的身长大约35厘米，体重有650克左右，身长和体重都长得飞快哦！当然，每个胎宝宝都会存在个体差异，有的稍微大一点、有的稍微小一点，以上数据只是一个参考值。

青春片《朱诺》

扑面而来的青春朝气

每个人都是从学生时代过来的,这部由迪亚波罗·科蒂编剧、贾森·雷特曼执导、艾伦·佩姬和迈克尔·塞拉等主演的喜剧电影,尤其适合当作一部青春期电影来看。看这部电影的时候,有些情节会让人会心一笑,学生时期的小心思,每一个人都懂。

秋天的时候,16岁的高中生朱诺和男友布里克偷尝禁果后怀孕了。性格有些大大咧咧的朱诺说,这是一件没有预料到的事,她打算堕胎。在妇女协会门前,有个亚裔姑娘像个社会活动家一样喊着口号:"所有的宝宝都要出生"。她对朱诺说,"你的宝宝也许已经有心跳了,他能感觉到痛,而且他还有指甲"。在妇女协会的沙发上,朱诺回想着亚裔少女的话,放弃了堕胎。

好友给她一个建议,在杂志广告上找到有收养孩子需求的人,把孩子送给他们。按照这个思路,她们找到了一对不孕不育的夫妻,双方都很满意。

朱诺向父母坦白了怀孕的事情。令人欣慰的是,父母并没有责骂她,而是积极帮她处理收养的事。

然而,事情并非那么简单。肚子一天天大了之后,不好的事情接踵而来。有一天,朱诺发现男友布里克和别的女生约会,两人大吵了一架。又有一天,那个原本想收养孩子的男人告诉她,他要和妻子离婚了。而那位妻子每天还在憧憬孩子的婴儿房该刷什么颜色的墙。这一切都让她很难过,她该如何面对这个状况呢?

从价值观层面来说,剧情安排一个亚裔小女孩反对堕胎的情节,意味着它涉及的堕胎问题在美国社会是一个有争议的大问题。本片的情节走向是,在不稳定、不圆满的婚姻中尊重生命,主创人员在这一观念的表达上非常清晰。

有趣的是,本片开头和结尾的动画与青春的主题相得益彰。推荐孕妈妈观看,感受一下扑面而来的青春朝气。

第25周
第171天 绘画

维米尔《倒牛奶的女佣人》
在静态中透露着流动的永恒

荷兰画家约翰内斯·维米尔是一位优秀的风俗画家,被誉为"荷兰小画派"的代表人物。他的作品常取材于普通的市民生活,擅长运用高超的艺术手法刻画清新、恬静的诗意生活。

这件《倒牛奶的女佣人》是他的代表作之一,描绘了荷兰普通市民阶层日常生活的一角。清晨,阳光穿透窗户,照亮整个室内,预示着美好的一天即将开始。一位穿着粗制衣服的女佣正在全神贯注地将陶罐里的牛奶倒出,她眼神紧盯着牛奶,生怕洒出一点。桌子上还摆放着面包等食物,也许是等会儿餐桌上搭配牛奶的主食。后面的地板上随意放着一个脚炉,墙上画着一把铜水壶和一个藤篮,浓郁的生活气息正是通过这些常见的器物展现出来的。

女佣人轮廓清晰,周围环境淳朴,维米尔用细腻的笔触和柔和的色彩,将一个简朴的厨房刻画得充满了温馨感与宁静感。

在他的作品中,光线永远是明亮的,色彩永远是温暖的,每每欣赏他的作品,总能让心灵得到净化,让自己沉醉于这一闲暇的时光中,暂时忘却现实的烦恼。

那一刻流动的牛奶,仿佛流淌了一个多世纪,甚至更久,滋养了无数的人……

第25周
第172～173天 音乐

马斯内《沉思》
让身心归于宁静

最近,晚上你是不是会做一些奇奇怪怪的梦,好像自己还身临其境,使你胡思乱想。孕妈妈不要当真,这是因为你有心理压力,过度担心而造成的。平时放松心情,没事多和准爸爸聊聊天,说说心事,也让他感受感受孕期的辛苦。另外,每天晚上睡前喝一杯牛奶,再安安静静地聆听一些舒缓的音乐,使全身放松下来。

小提琴曲《沉思》是法国作曲家马斯内的代表作,又称"泰伊斯冥想曲"。乐曲宁静而祥和,犹如少女在虔诚地向上帝敞开心扉,祈求饶恕,全曲流露着一种宗教色彩。

闭上眼睛,倾心地聆听。任由悠扬的乐声牵引,琴音优美中带着些哀婉,声音如涓涓流水,静静流到很远很远,让心中的一切情绪释放出来并慢慢沉淀而消失,最后全部都归于平静。

第25周
第174~175天 绘本

绘本《数一数多少个吻》

粉粉的，甜甜的，柔柔的，温温的

由于体重和腹围的增加，孕妈妈开始越来越多地感受到疲劳、笨重。另外，睡眠欠佳还可能导致孕妈妈心神不宁甚至做噩梦，这都是由于即将要当妈妈了，不知道如何承担起照顾这个小生命的重任而引起的。今天为你推荐一本英文绘本《数一数多少个吻》，建议你在睡前阅读，并大声地朗读出来，可以想象宝宝出生后和宝宝互动的瞬间。

本书的作者卡伦·卡茨毕业于宾夕法尼亚州的泰勒艺术学院，随后在耶鲁大学艺术与建筑学院深造。深造期间主要研究民间艺术、印度细密画，以及墨西哥艺术。现已创作绘制五十多本儿童绘本及幼儿游戏书。

她的这本绘本入选美国学乐出版社百本童书，并且是"每月一书"俱乐部的受欢迎书目（"每月一书"俱乐部在美国有着悠久的历史，而且是美国规模最大的图书俱乐部），是很多人家睡前半小时的必读书。

绘本内页画风粉粉的、甜甜的、柔柔的、温温的，满满的温情，可边进行亲子互动，边学习数字1~10，同时了解身体的各个部位。

本书可算得上英语启蒙首选之书，印刷是欧盟认证的环保印刷，例如大豆油印刷，这样即便宝宝吃书也不会对健康有影响。建议你在孕期阅读完后，在宝宝出生8个月左右再进行亲子阅读。

李白《客中行》

昂扬振奋，豪迈洒脱

今天欣赏一首古诗——《客中行》，作者是唐朝大诗人李白。

> 兰陵美酒郁金香，
> 玉碗盛来琥珀光。
> 但使主人能醉客，
> 不知何处是他乡。

兰陵的美酒散发着郁金香的芬芳，倒入玉碗中的酒，闪动着琥珀色的光芒。主人端出如此的好酒，让我喝个痛快，最后已分不清何处是家乡了。

通过诗的题目"客中行"，我们知道了，这是作者旅居他乡时写的诗。这个"他乡"是哪里呢？诗的第一句就给出了答案——兰陵，畅饮着兰陵的美酒，竟然流连忘返了。这首诗既大大赞美了诱人的美酒，又以假使句表达了他乡主人的热情好客，同时还流露出诗人的豪迈、洒脱。

第26周的胎宝宝

第26周的胎宝宝身长大约36厘米，体重有750克左右，又明显长大啦！而且，宝贝的视力和听力系统也完全形成了，对外面的光线和声音越来越敏感哦，当有人对着孕妈妈的肚皮大声说话或者照亮时，胎宝宝会非常积极地互动。

美食片《小森林夏秋篇》

画面唯美，治愈心灵

　　《小森林夏秋篇》是日本一个美食剧情系列电影中的一部，根据漫画家五十岚大介的作品改编。

　　观看这部电影时，可以和近年来出现的一些美食类影视作品做一个对比。本片不同于《深夜食堂》的刻意表达人生感悟，也不同于《舌尖上的中国》对于中式传统技艺记录式的介绍，它是一部表达人物生活方式的、充满了生活气息的写实电影，这使它看起来有些浪漫。电影不同于其他媒介，电影更多的是在营造氛围。

　　市子从小生活在日本东北地方的一个村子——小森。电影里的台词说："小森好像沉睡在蒸汽下，土壤里的水蒸气争先恐后地要散发出来"，可以想见，这是一个美丽的地方。去大城市闯荡一番后，她又回到这里，开始了自己做饭的日子。靠着幼年时代从母亲那里耳濡目染学来的技巧，她做了烤面包、酸米酒、伍斯特酱油、巧克力榛子酱等。她觉得母亲的一些美食是胡乱命名的，现在的她感觉被母亲骗了，但那些回忆始终是美好的。

　　导演擅于用食物来表现角色的关系，母亲与女儿的关系，从崇拜到独立再到释然，这是人性共通的部分。市子与佑太的恋爱关系，也在一颗樱桃上体现了出来：树上挂着一颗樱桃，市子想跳起来把它摘下来。佑太摘了其他的樱桃，市子不要，一定要自己跳起来摘到那颗她想要的，最终他们分手了。

　　市子身上传递出了一种与世无争的人生修炼，建议孕妈妈观看，感受她纯净而美好的信仰。

第26周
第178天
绘画

老勃鲁盖尔《农民的舞蹈》

载歌载舞，用乐观的态度度过每一天

今天为孕妈妈推荐一幅作品，由荷兰画家老勃鲁盖尔创作的《农民的舞蹈》。

在一个闲冬时节，忙碌了一年的农民们聚集在村口，载歌载舞、谈笑取乐。同时，一对农民夫妇一边跳着欢快的舞蹈，一边从右边进入我们的视线，如此"偶然"的行为，既充满戏剧性，又有着现实感。左侧桌子前，坐着一个吹风笛的农民，他的身后有几个农民在喝酒猜拳，而再后边的地方，一对身着红色衣服的情侣在旁若无人的亲吻。远处一家农舍的门口，一个农民正在邀请女主人出来跳舞。

他们的舞蹈并不优美，甚至有些笨拙，但每个人都是快乐的，是乐观开朗的，似乎没有什么烦恼、忧愁能打扰此刻的狂欢。

画家老勃鲁盖尔笔下的农民，人物形象一般都很小，线条也稍显粗糙，但所营造出的整体感觉是饱满灵活、充满生机的。也正是因为他在描绘农民方面形成的独特画风，被后人尊称为"农民画家"。

粗茶淡饭，粗布麻衣，农民们苦中作乐，尽情舞蹈，无论是在欢庆什么，这种积极乐观的生活态度都会影响观众。我们会不自觉地扬起嘴角，也用这种态度迎接未来的生活！

小约翰·施特劳斯《蓝色多瑙河》

一起感受多瑙河的美丽风光

现在胎宝宝力气很大,对吗?你是不是随时都会遭受他的"拳打脚踢"?哈哈,真是个顽皮的小家伙!声音可以通过子宫传入他的耳朵里,他现在对外界的声音越来越敏感。他会很清楚地分辨准爸爸的声音哦。所以,准爸爸也要分担胎教的重任哦,将爱传递给胎宝宝,让他感受来自父亲的爱吧。

本周为孕妈妈和胎宝宝准备了一首古典艺术名曲《蓝色多瑙河》。

《蓝色多瑙河》由奥地利著名音乐家小约翰·施特劳斯创作,按照典型的维也纳圆舞曲的结构写成,由序奏、五个小圆舞曲和尾声组成,将美丽的多瑙河展现得美不胜收。此曲被称为奥地利的第二国歌。

序奏是A大调,运用小提琴的碎弓轻轻奏出徐缓的震音,像是黎明的曙光拨开河面上的薄雾,唤醒沉睡大地;紧接着,圆号吹响,乐曲连贯优美,高音活泼轻盈,象征着黎明的到来。

接下来是五首小圆舞曲连着演奏。第一圆舞曲有明朗的旋律,活泼、轻松的节奏;第二圆舞曲在D大调上,旋律跳跃、起伏,层层推进,给人以朝气蓬勃的感觉,之后乐曲突转为降B大调,显得优美而婉转,富于变化的色彩又显得格外动人;第三和第四小圆舞曲属于歌唱性旋律,典雅而端庄、稳重,但乐曲中采用切分节奏又有舞蹈性的特点,情绪热烈、奔放,给人以亲切、新颖的感觉;接着,第五小圆舞曲是情绪的继续发展,旋律起伏、回荡,柔美而温情,音乐炽热、欢腾是全曲的高潮和结尾,整首乐曲最后在疾风骤雨式的狂欢之中结束。

第26周
第181~182天

系列洞洞书《猜猜我是谁》
全世界洞洞书的代表作

　　随着子宫不断变大，孕妈妈身体里其他一些器官也要做些调整。由于膀胱部位受到了挤压，不能再容纳正常的尿量，孕妈妈会出现越来越明显的尿频现象。孕妈妈要学会适应身体的这些变化，积极、自信地应对。

　　今天推荐的绘本属于洞洞书类，宝宝在出生后的5个月左右会对洞洞类特别好奇、感兴趣，这种好奇可能持续到1周岁左右，洞洞书的阅读要在1岁前进行。《猜猜我是谁》系列洞洞书的作者尼娜·兰登在美国纽约长大，母亲是画家，热爱毕加索的画；父亲是雕塑家及特殊化妆效果的专家，热爱马蒂斯的画。喜欢创作童书的尼娜目前与先生及三个孩子住在华盛顿州西雅图市。

　　本套作品中的《我长大了》入选2004年CCBC（合作儿童图书中心）精选书目，《猜猜我是谁》入选美国《学者》杂志评选的"100本伟大的儿童书"。可以说这套洞洞书是全世界洞洞书的代表，经典，无法超越。一套书内包含四册：《猜猜我是谁》《猜猜动物园》《准备好了吗》《我长大了》。

杜甫《漫兴·其七》
欣赏初夏郊野的自然景观

今天欣赏一首古诗——《漫兴·其七》，作者是唐朝伟大的现实主义诗人、被后人称为"诗圣"的杜甫。

> 糁（shēn）径杨花铺白毡，
> 点溪荷叶叠青钱。
> 笋根雉（zhì）子无人见，
> 沙上凫（fú）雏（chú）傍母眠。

小路上落满了点点杨花，像是铺了一张白毡一样。点缀在溪水上的荷叶，像铜钱一样一个一个地叠在一起。笋根旁的小野鸡，还没有引起人们的注意。沙滩上，一群毛茸茸的小鸭子，依偎在鸭妈妈怀里睡得正香！

据说，杜甫小时候特别贪玩，坐不住板凳，连一首诗都背不下来。后来在祖父的严厉管教下，杜甫发奋苦读，为了写好诗，练习的习作常常能装满一麻袋。杜甫在谈创作心得时，说了一句话："读书破万卷，下笔如有神！"

第27周的胎宝宝

这周胎宝宝的身长大约37厘米，体重有1000克左右，各个器官都发育得更加成熟，宝贝已经发育成型啦，是一个迷你型的小宝宝喽！脂肪也长了不少。味觉开始形成，可以分出甜味或苦味了。嗅觉也形成啦，为寻找母乳打下基础。听觉神经系统已经发育完全，对外界声音刺激更加敏感。

第27周
第184~185天

文艺片《天使爱美丽》
浪漫至极的法国电影

之所以为孕妈妈推荐《天使爱美丽》，一是因为该片充满法国巴黎气息的电影原声，二是因为其非常风格化的画面和表演深受女性的喜爱。这部电影由法国著名导演让-皮埃尔·热内执导，奥黛丽·塔图、马修·卡索维茨等人主演。

奥黛丽·塔图饰演的艾米丽其童年并不美丽，做医生的父亲从来不拥抱她，缺乏父爱令她感到孤单。因为父亲唯有在给她检查身体的时候才会碰到她，所以这样的接触让艾米丽心跳加速，然而父亲却因此认为她的心脏有毛病，不适合去学校，只让她在家学习。得不到关注的小艾米丽只好自己找乐子，比如把草莓套在手指上慢慢吸；比如为了报复邻居的捉弄，在他看电视转播球赛的时候，一到关键时刻就拔掉天线。艾米丽8岁时，母亲意外离世，父亲变得自闭。

艾米丽长大后在一家咖啡馆做服务员，生活过得依然孤独、平淡。1997年的某一天，她在电视里看到了戴安娜王妃去世的消息，由此感觉到生命的无常，她决定要为世人带来希望和快乐。于是她把偶然发现的几十年前的童年玩具还给了它的主人，她扶着盲人老头过马路并为他讲解眼前街道上的人和物，还帮助婚姻生活不如意的女房东、乖戾的水果摊老板、备受欺负的伙计，还有自己的父亲。

一个偶然的机会，她捡到了一个骑车男人掉落的相册，里面是重新拼合的碎照片，她明白，这个人就是自己喜欢的男人。

《天使爱美丽》并不是一部传统的、情节起伏的剧情片，而是一部充满了导演个人风格的诗意电影。对于习惯于看商业电影的观众来说，它的节奏并不是那么容易适应。把它当作一首诗、一部长篇音乐作品、一幅油画去看吧，也许你记不住它的情节，但你会记住铁盒子、自行车、拼合的碎照片、手风琴，当然还有艾米丽那张天使一样的面孔。

老勃鲁盖尔《猎归》

宁静祥和的童话世界

一个白雪皑皑的世界里，几名猎人带着十几条猎犬缓缓归来，他们正站在山坡上远眺村子里祥和的景致……这是荷兰画家老勃鲁盖尔创作的一幅油画作品，也是童话故事中经常出现的场景。

冬季天气寒冷，不适合耕种，村里的人会提前把过冬的粮食、衣物储备好，以避免在严严寒冬挨饿受冻。当天气越来越冷，世界变成银装素裹，河水结上厚厚的冰层，村里的人便停下一年来忙碌的身影，孩子们会在湖面上快乐地玩耍，如溜冰、打雪仗；女人们或者陪伴孩子，或者三五成群的聊着天。身强体健的男人们，此时则会扛着猎枪带着猎犬，进到大山深处，寻觅猎物，运气好时猎到大的猎物，便举村欢庆，几乎家家户户都能分到一点鲜美的野味，在这寡淡的冬季也是一件极让人兴奋的事情。猎物的肉做成鲜美的饭食，而皮毛则可以制成衣物，抵御寒冷，真是一举两得的幸事。

画面中，猎人们拖着疲劳的身躯，越过山坡，面前的景象豁然开朗，房屋、教堂、山川、树木映入眼帘，家里的人正在湖面上快乐地玩耍，十分热闹。看到此情此景，所有的辛苦劳累也都值得了。

画家妙在选取了一个从山坡眺望山下的视角，仿佛窥探到了一个世外桃源，使人沉浸在这种宁静、舒适、幸福、洁白的世界中。只需在此进行稍事停留，大脑和内心便能得以净化，请孕妈妈独享这片刻的宁静吧。

大提琴曲《哀歌》

一瞬间让全世界安静下来

亚当·赫斯特是一位获奖无数的大提琴家和作曲家,他的大提琴独奏浪漫空灵、静谧忧伤,很富有诗意。《哀歌》是他演奏的一首作品,把大提琴的悲伤、释然与重生演绎得如泣如诉,仿佛每一个音符都是动人的精灵。旋律犹如一人迈着沉重的步伐走走停停,却又在回眸路转时惊鸿一瞥,让人如痴如醉,能够震撼每一位聆听者的灵魂。音乐一响起,一瞬间仿佛全世界都处于沉默无声的安静中。

怀孕27周的胎宝宝处于胎动的高峰期,孕妈妈的肚子是不是经常会鼓起一个小包呢?这可能就是宝宝的手脚或者屁股呢。有的孕妈妈因频繁的胎动,再加上胎宝宝越来越大,身体负荷继续加重,乳房胀痛、后背和腿部耻骨的疼痛会愈加厉害,严重影响睡眠质量。

如此一首抒情、使人安静的大提琴曲推荐给每一位幸福的孕妈妈,相信胎宝宝听到也会很快安静下来,乖乖随妈妈一起进入美梦中。

第28周 第190天

钱起《归雁》
笔法空灵,想象丰富

今天欣赏一首古诗——《归雁》,作者是唐朝诗人钱起,他特别擅长写赠别诗。

潇湘何事等闲回?
水碧沙明两岸苔。
二十五弦弹夜月,
不胜清怨却飞来。

大雁啊,你为什么离开美丽的潇湘而回到北方来呢?那里的水是多么碧绿啊,那里的沙土是多么干净啊,还有那两岸上长满的青苔,多么青翠怡人啊。难道是因为潇湘水上的琴瑟声吗?那一声声如泣如诉的哀怨,你实在听不下去了才飞走的吧。

在这首诗中,作者通过写迁徙的大雁,来表达自己对家乡的思念之情。诗作一开始,作者就用了一个设问,引人入情,而且前两句还使用了倒置,用景物来进一步烘托前面的情感,真是一个绝妙的安排。最后两句,作者又代替大雁回答了前面的问题,用拟人的手法同时表达出了自己客居他乡的愁思。

第28周的胎宝宝

这周宝宝的身长大约38厘米,体重有1100克左右。随着胎宝宝个头的不断长大,它的活动空间显得越来越小了,但是依然很活泼。小宝贝的睫毛已经长出来啦,眼睛能够睁开、闭上,而且形成了睡眠周期,胎动比较少的时候,可能是小家伙在睡大觉哦。

献给母亲的电影《结婚礼服》

感人至深的母女情

今天为孕妈妈推荐一部献给母亲的韩国电影,一部讲述母女亲情故事的电影。亲情是每个人心里最温暖的地方,也是最脆弱的地方。

婚纱设计师、单亲妈妈高云在知道自己患绝症后,感觉到了对女儿晓晓的愧疚,打算给女儿亲手设计、制作一款结婚礼服。

由于之前忙于工作,高云对女儿的生活关心不够,导致女儿不仅习惯独立生活而且相当不合群,甚至性格乖戾。

晓晓有洁癖,为此已经和很多小朋友闹翻。有一天,因为一个女同学喝了她的水,她又和这个同学吵了起来,高云这才知道女儿总是孤僻的原因。高云让女儿改掉这个毛病,告诫她:"妈妈不能陪你到老",晓晓却和妈妈争执了起来,说:"你那么忙,现在的我和一个人生活有什么区别?没有你,我一样活得很好"。这些话刺痛了妈妈的心。

晓晓偷偷观察到妈妈不断呕吐的现象。她私下找到舅妈,问妈妈是不是得了什么病,才知道了实情。

知道母亲的病情之后,晓晓变得明白事理了,知道自己该做什么了,知道关爱妈妈了,而不是只依着自己的情绪行事。更重要的是,得知妈妈还没有穿过婚纱后,便让妈妈穿着婚纱和她跳舞,让妈妈看到自己在学校舞台上演出芭蕾舞,这些就是女儿能为妈妈做的事。

电影开始的时候,下雨了,妈妈去学校接晓晓,告诉她要学会自己带伞。妈妈去世之后,晓晓学会了自己带雨伞,那把黄色的雨伞让人感受到了母爱的温暖。

韩国电影擅于把一个故事拍得很煽情,许多韩国爱情电影都有这个现象,而这部电影在故事线的把握上和情感的尺度上都很到位,保持了克制与自然。

第28周 第192天 绘画

波提切利《春》
一切都是欣欣向荣的样子

春回大地,春暖花开,在这样一个美好的季节,一切都是欣欣向荣的样子,充满希望。很多画家都有表现春天的作品,意大利画家波提切利创作于1481年至1482年间的一幅木板蛋彩画《春》,极具代表性。

这件作品采用横向构图的方式,在铺满鲜花的大地上展现了9个个性鲜明的人物形象。画面正中间,身穿盛装的维纳斯眼睛目视前方,若有所思的样子。她的左侧是象征着美丽、贞洁、欢乐的三位女神——阿格莱西、赛莱亚、攸美罗西尼,她们沐浴在阳光之中,身穿轻纱衣服,互相携手翩翩起舞,这一动作展现了她们丰腴秀美的体态。站在三位女神旁边的是青年墨丘利,他正手拿神杖,举目仰望,好像正在驱散乌云,给大地带来春的消息。维纳斯的右侧,西风神费洛斯正鼓着双颊,粗野地追逐着口含一枝鲜花的少女克洛里斯。当前者追上后者,少女克洛里斯一跃而变为端庄大方的花神。在维纳斯的头顶上,飞翔的小爱神丘比特蒙着双眼,正瞄准象征贞洁的女神赛莱亚,企图用他的金箭将其引入爱河。

整幅面洋溢着浓厚的理想和神秘色彩,表现了爱与美好,孕妈妈在观看的时候,也能感受到这份温暖和希望。

班得瑞《春野》专辑

像喝一盏春茶,需细细品味

想象胎教不仅能让孕妈妈的心情变得平和舒畅,还可以让孕妈妈和胎宝宝之间情绪、意识获得传递,熏陶腹中的胎宝宝,让胎宝宝健康愉悦地发育。

《春野》是班得瑞第三张新世纪专辑的名称。本专辑的音乐完整呈现出瑞士的自然美景,其中有一首曲子与该专辑同名,其曲式轻忽缥缈,乐曲铺陈、徐缓。旋律由细腻的钢琴配上优美的长笛演奏。霎时间,扑鼻花香迎风而来,好一幅自然写意景象。

静心聆听每首乐曲,孕妈妈都可以感到景色美得令人陶醉。带孕妈妈放松身心,走进大自然,沐浴着春风,喝一盏春茶,细细品味和享受音乐的幸福和美好。

绘本《章鱼先生卖雨伞》

来玩色彩游戏吧

此时孕妈妈的子宫底部已上升到胸廓，使胸廓下部的肋骨向外扩张，有时会感觉不舒服。孕妈妈还会发现随着肚子越来越大，肚脐也逐渐被牵拉延长，向外突出，不过不用担心，分娩后就会恢复原样了。

本周为你推荐一本有意思的绘本，名叫《章鱼先生卖雨伞》（接力出版社）。作者韩煦，80后新锐插画师、自由艺术创作者。2010年毕业于山东艺术学院视觉传达专业，后就读于意大利博洛尼亚美术学院插画出版专业，获得艺术硕士学位。处女作《走出森林的小红帽》荣获意大利全国高等艺术院校CLAUDIO ABBADO（克劳迪奥·阿巴多）竞赛插画金奖。这本《章鱼先生卖雨伞》同样也获了各种大奖。

《章鱼先生卖雨伞》是一本献给0~3岁宝宝的动物认知和色彩启蒙图画书。下雨了！章鱼先生开始卖雨伞啦！大象、狮子、孔雀……它们想要的雨伞都不一样。会变色的动物、"看不见"的动物……它们的要求都有点儿怪。

孕妈妈在做胎教的过程中，可以大声地读出来，想象与胎宝宝一起互动的场景。等宝宝出生满8个月时，再与宝宝一起亲子共读，让宝宝跟着可爱的动物和奇妙的情节一起体验色彩的魅力。

孕后期
——让母爱泛滥吧

第29周 第197天 文学

高骈《山亭夏日》
感受绿叶茂盛的夏日风光

今天欣赏一首古诗——《山亭夏日》,作者是唐朝诗人高骈。

绿树阴浓夏日长,
楼台倒影入池塘。
水晶帘动微风起,
满架蔷薇一院香。

在漫长的夏日里,树木郁郁葱葱,形成了成片的绿荫。池塘边上的楼阁,把优美的影子倒映在清澈的池水里。微风吹在水面上,波光粼粼,像是水晶帘子一样。院子里的藤架上开满了蔷薇花,花香四溢,整个院子都享受着香气。

这首诗读起来非常舒服,一是文字朗朗上口,二是意境美妙绝伦。第二句诗中,一个"入"字,简直把楼台写活了,能把静止的景物写得这么生动活泼,可见作者文字功底的深厚。还有"水晶帘动"的比喻,好像水晶帘被风吹动的声音,就在耳边响起一样。

第29周的胎宝宝

第29周,宝宝的身长大约39厘米,体重有1300克左右,胎宝宝变得更重了哟,体格变得更健壮啦。虽然空间狭小,但也不妨碍宝贝运动,胎动更加频繁了。

《城南旧事》
诚挚透明的情感

好电影可以让人多次重复看而不会丧失味道，电影《城南旧事》当属此类作品。该片根据林海音1960年出版的同名小说改编，由吴贻弓执导，沈洁、郑振瑶、张闽、张丰毅等主演，1983年在中国上映。

电影从儿童视角讲述了林英子童年时期发生的几个难忘的生活片段。

英子喜欢惠安馆的"女疯子"秀贞，常常找她聊天。秀贞的孩子小桂子一出生就被不愿意看到这个孩子出生的家人抱到齐化门的城墙脚下，不知生死。"疯子"秀贞一再要求英子，如果看到她的小桂子就带她回来。

妞儿是和英子年龄相仿的小伙伴。有一天妞儿眼泪汪汪地告诉英子，她爸爸总是打她，而她最近才得知自己是爸爸在齐化门捡到的。

宋妈是英子家的保姆，在英子家照看弟弟已经好几年了，但心里总是惦记着远在老家的两个孩子。丈夫和侄子都告诉她放心吧，然而宋妈逐渐知道了真相。

电影诚挚地展现了英子童年生活的琐碎细节，比如骆驼、铃铛、水井、老北京叫卖声、染指甲的指甲草、看小鸡啄米，荡秋千等，这些细节几乎是所有人童年的一部分，所以引起了观众无尽的共鸣。

电影《城南旧事》有两个特质，一个是众角色塑造的诚挚、透明的情感，另一个是导演的叙述隐忍而克制。前一个特质像北京的阳光，浓烈而直射。后一个特质像古典诗词，适可而止。前一个特质能让观众体验到老北京的味道，后一个特质能让观众感受到中国古典艺术中所鼓励和传承的韵味。

电影塑造了这些人物的悲伤时刻，英子面对这些时刻的那双眼睛，和贯穿全片的主题音乐"送别"是所有观众都无法忘却的。

第29周
第200~201天

蒙德里安《红黄蓝的构成》
用色彩在画纸上舞蹈

　　画家蒙德里安作为几何抽象画派的先驱,开启了用几何图形进行绘画艺术创作的先河,创建了"风格派"。他提倡新造型主义,认为艺术应该脱离自然的外在形态,以表现抽象精神为目的,追求"纯粹实在"和"纯粹造型",即形状和色彩的统一。蒙德里安的艺术思想具体反映在艺术创作中,就是作品表面只保留直线和横线,因为它们是两相对立的力量体现,这种对立物的平衡到处存在,控制着一切。

　　在《红黄蓝的构成》这件作品中,粗重的黑色线条将画面分割为七个大小不同的形状,形成非常简洁的画面结构。主导画面的是右上角色度饱和的红色,左下角的蓝色、中间的白色和右下角的黄色有效配合,共同起到平衡整个画面色调的作用。巧妙的分割,使平面抽象变成有韵律和节奏的画面,就像画布上跳跃的舞蹈,和谐而又富有动感。

　　观看此作,能使人进入一种精神纯粹的状态,获得一种和谐与平衡感,这对于调节孕妈妈的情绪大有裨益。

第29周
第202~203天 音乐

巴达捷芙斯卡《少女的祈祷》
天真无邪的幻想遐思

作为孕晚期的孕妈妈，你是不是每天都感觉很累？就连走路都会气喘吁吁。现在有时可能还会觉得肚子偶尔一阵阵地发硬、发紧，不要太担心哦！这是孕晚期的假宫缩，是正常现象。好好享受与宝宝合体的最后几个月美好时光吧！

本周为孕妈妈推荐一首波兰女钢琴家巴达捷芙斯卡创作的古典浪漫钢琴曲《少女的祈祷》。乐曲是降E大调，4/4拍，行板。采用主题与变奏的曲式结构，是世界名曲中最为脍炙人口的钢琴小品之一。

这首钢琴曲虽略带些伤感，但异常柔美而亲切感人、温婉而充满青春活力。波浪式的旋律线和上下行的音型，具有柔和的回旋感，欣赏乐曲会让孕妈妈产生无限美好的幻想、遐思和真诚的期盼。

建议孕妈妈边听音乐边想象着胎宝宝的可爱"小模样"，祈祷一下宝宝平安降生，憧憬未来的幸福生活吧。

第30周 第204天 文学

司马光《客中初夏》

初夏细雨，空气清新

今天欣赏一首古诗——《客中初夏》，作者是北宋政治家、史学家、文学家司马光。一提到司马光，你是不是想起了"司马光砸缸"的故事？这个故事太经典了，也可以给小宝贝讲一讲哦。我们先来感受一下他这首《客中初夏》的文学魅力吧。

> 四月清和雨乍晴，
> 南山当户转分明。
> 更无柳絮因风起，
> 惟有葵花向日倾。

四月的一天，刚刚下过雨，天气放晴，空气显得格外清新。我的家门口正对着南山，此时望向南山，层层山峦看起来更加清晰了。这个季节，已经没有柳絮随风飞舞的景象了，只有那向日葵，始终迎着太阳绽放笑脸。

前两句诗写出了雨后初晴的景色，而这首诗的点睛之笔在于后两句，通过一个"更无"和一个"惟有"的对比，突出了作者想表达的意思，绝不像柳絮一样随风起，随便附和，而是要有向日葵一样的决定和定力，始终向着太阳坚定不移。

第30周的胎宝宝

这周胎宝宝的身长大约40厘米，体重有1500克左右，胎宝宝看起来像个小大人啦，样子更好看了呢。他的骨骼、肌肉正逐渐成熟。

爱情喜剧片《一夜大肚》
喜剧中看到生活的真实

《一夜大肚》是由美国环球影业公司出品的爱情喜剧片，由贾德·阿帕图执导，塞斯·罗根、凯瑟琳·海格尔、保罗·路德联合主演。

影片讲述了一名娱乐新闻记者艾莉森和她的男朋友遭遇意外怀孕的故事。作为一部喜剧电影，该片节奏明快，欢乐无数。

为了突出主角们即将到来的怀孕生活，电影设置了另一对夫妇——艾莉森的姐姐和姐夫一家人。姐姐家有两个小孩，一大早孩子叫父母起床的画面在生活中很常见，两个闹腾的小孩也为电影带来了家庭气息。

刚刚升职为一名娱乐新闻出镜记者的艾莉森，决定去庆祝一下。在夜店里，她认识了一位男人斯通。8个星期之后的一天，艾莉森忽然在录节目时发生了呕吐现象，她意识到自己可能怀孕了。这本不是两人计划中的事情，那么，到底要不要生下孩子。在电影中可以看到，这个女人从B超影像中看到胎儿时瞬间变得复杂的心理。最终，艾莉森决定生下来孩子。两人试着相处，经过迷茫、吵架，艾莉森觉得斯通不适合自己，当斯通拿着戒指向她求婚时也拒绝了。但最终，经过斯通一遍一遍诚挚恳求，艾莉森终于答应了他，两人开始准备买房子，承担责任。然后，另一对被拿来做对比的夫妇——姐姐和姐夫，却显现出一种婚姻生活的煎熬……

也许，青年男女都应该看看这部电影，尤其是年轻的孕妈妈们，无论是男人的童心未泯，还是女人的缺乏安全感，都是恋爱时要思考的问题。因为一旦涉及生育，每一个人都得改变自己的生活角色来适应家庭的需要，这也是生活带给人的内心成长，这种成长是个蜕变的过程。

张择端《清明上河图》

人间烟火气

  《清明上河图》是我国一件国宝级的画作，是驰名中外的传统风俗画，由北宋画家张择端创作，现收藏于北京故宫博物院。作品以长卷形式，采用散点透视的构图方法，生动地记录了北宋都城东京（又称汴京，今河南省开封市）的城市风貌和风土人情，是北宋时期都城的生动见证和真实写照。

  此处的河即为当时的汴河，作品描绘的正是汴河两岸的自然风光和繁荣景象。而"清明"即清明时节，当时的人们将清明上河作为一种民间风俗，商人、旅人、游人纷纷从四面八方赶来参加商贸活动，使得汴京一时风光无两。

  《清明上河图》全卷分为汴京郊外风光、汴河场景和城内街市三部分。以汴河上的虹桥作为描绘中心，桥上有熙熙攘攘的行人，桥下有一只大船正待过桥。船里船外都在为此船过桥而忙碌着，邻船的人也在指指点点，桥上的人伸头探脑地，为过船的紧张情景捏了一把汗。

  这件作品的珍贵之处还在于其几乎将各个行业、各种人物、各种动作都融入画中，情节刻画生动，画面组织错落有致，极具生活趣味。整幅作品结构严谨，段落分明。画面疏密、简繁、动静等关系处理得恰到好处，充分表现了画家对社会生活的深刻洞察力和高度的画面组织和控制力。

  观赏这样一件风俗意味极强的作品，可以让人身心愉悦，沉浸于画作中，使人仿佛置身于那个繁荣的北宋，能够让孕妈妈暂时忘却怀孕带来的不适。

柴可夫斯基《花的圆舞曲》

跟随音乐，翩翩起舞吧

倾听意境饱满、欢乐美好的音乐，可以帮助孕妈妈改善情绪，有利于胎宝宝的心智成长。

《花的圆舞曲》是柴可夫斯基创作的第三部芭蕾舞剧《胡桃夹子》中的著名圆舞曲。华丽、流畅的序奏，旋律如歌般的主题，明快的节奏、欢乐的情绪和典型的圆舞曲韵律，让孕妈妈会不由得随音乐哼唱并跳起简单的舞蹈动作。

孕妈妈不妨想象着自己跟随仙女们在偌大的舞台上翩翩起舞，同时将这份美好的音乐体验传递给胎宝宝，有助于胎宝宝的智力开发、乐感培养、形成良好的协调能力，也会进一步增加孕妈妈和胎宝宝之间的感情。

孕妈妈们，一起跟随音乐翩翩起舞吧！

第31周 第211天 文学

苏轼《花影》
妙趣横生

今天欣赏一首古诗——《花影》，作者是北宋著名文学家苏轼。

重重叠叠上瑶台，
几度呼童扫不开。
刚被太阳收拾去，
却教明月送将来。

在阳光的照射下，花儿的影子斑斑驳驳地落在亭台上，我好几次叫童仆过来打扫，都扫不去。直到太阳落山，花影总算是消失了。可谁又知道，徐徐升起的明月，把光芒洒在花儿身上，花影又出现了！

读完这首小诗，是不是觉得非常有趣？这个"花影"简直太调皮了，快成了作者笔下挥之不去的"阴影"了，真是太逗了。其实，就像很多咏物诗一样，苏轼的这个作品表面上写的是烦不胜烦的花影，实际上在写令他非常不满的"新政"（王安石变法），抒发了自己当时无能为力的心情。

第31周的胎宝宝

这周胎宝宝的身长大约41厘米，体重有1600克左右，宝贝又迎来一个生长高峰期，身高和体重继续增加，肺部和消化系统都发育得差不多啦！

第31周
第212天 影视

科幻片《太空旅客》

超棒的视觉效果,让人愉悦

《太空旅客》是美国哥伦比亚电影公司出品的一部科幻爱情片,由莫腾·泰杜姆执导,詹妮弗·劳伦斯、克里斯·帕拉特等主演。在大众的电影评价系统中,《太空旅客》的评分并不高,但它是一部让人愉悦的电影,推荐孕妈妈观看。

这部电影讲述的是,在飞船载着5000名处于冬眠状态的移民去往遥远的太空新家园2号的120年旅途中,一次小行星带对飞船的撞击破坏了飞船的正常运行系统,导致其中一名叫吉姆的旅客、本片的男主角在距离新家园2号还有89年的时候提前苏醒。孤独、绝望的吉姆经过无数次的内心挣扎之后,提前唤醒了一名女乘客奥罗拉,两人在相处期间产生了爱情。但当奥罗拉得知自己被吉姆提前唤醒这一操作之后,她开始痛恨吉姆。正当两人关系僵持之际,飞船的运行系统变得越来越糟糕,两人必须找出飞船的问题并修复,才有可能拯救5000名乘客。

本片的一大看点是男女主角的演技,尤其是女主角詹尼佛·劳伦斯,她在一个有局限性的故事情境中发挥了高水平的演技,热恋、愤怒、失态、痛苦等状态撑起了这部电影的骨架。

当我们认真审视这个故事中男、女主角所面临的整个局面时,会发现,它像是对人类婚姻状况的隐喻。也许电影主创们并没有这一层的表达,但我们看一看整个过程,小行星带就像生活的艰难时刻,撞击了这些人的人生。冰冷的太空中无处可逃,两人被捆绑在这条状况岌岌可危、漏洞百出的飞船上,只能互相拯救。而那个遥远的目标——新家园2号,就像一个无法实现却总是想着有一天会实现的理想一样,未曾在他们的一生中出现。

韩滉《五牛图》

姿态各异，性格迥然

牛，自古以来就给人勤劳、踏实、淳朴、敦厚的印象，是忠实、可靠的化身，牛的形象也在很多场合可见，例如著名的华尔街铜牛。

相传为唐朝画家韩滉（huàng）创作的《五牛图》表现了五头姿态各异的牛的形象，据说这件黄麻纸上的设色画是现存最早的纸本绘画作品，现藏于北京故宫博物院。

五头牛外貌、动作、神态各不相同，性格迥然。从右至左，第一头为浅棕色老牛，正低着头在杂木旁蹭痒痒，形态悠闲，有种与世无争之感，也只有这头牛与杂木为伴，其他四头牛均为独立形象；第二头是黑白杂花牛，抬头挺胸，身形强壮，在动作方面与第一头牛形成了鲜明的对比，自信满满，

有种趾高气扬之感；第三头为深赭色的老牛，筋骨嶙峋，老态龙钟，只有这头老牛是正面形象，纵观整幅作品，这头老牛就像一位长者一样占据了画面的中心位置，既起到稳定、平衡画面的作用，又有控制全局的领导气质；第四头是大黄牛，身材高大、力量勇猛，正在回首而顾；第五头是深棕色牛，身形丰硕，目视前方，有勇往直前之势。

　　这是五头拟人化的牛，五头牛不同的形态动作，反映了不同的内心世界。孕妈妈通过此作，可以设想和期待将来自己的宝贝更像哪一头牛，或者说会成为哪种性格的人。

第31周
第214~215天 音乐

贝多芬《致爱丽丝》

亲临欢乐、恬静、美好的音乐世界

　　最近是胎宝宝小脑发育的最后阶段了,胎教还是很重要的哦。孕妈妈多听听音乐,跟宝宝聊天,不仅促进胎宝宝脑部的发育,还能帮助孕妈妈缓解孕期出现的情绪和身体的不适。

　　今天为孕妈妈推荐一首大家都很熟悉的钢琴曲《致爱丽丝》,原名《a小调巴加泰勒》,是德国音乐家贝多芬创作的一首钢琴曲。乐曲采用回旋曲式写成,结构是ABACA的形式。A部分乐曲是整首乐曲的叠部,出现三次,是全曲的基本主题。明快而又清新的主题,犹如涓涓泉水在歌唱;色彩明朗、温柔舒适的B段跃入,使音乐更加流畅、严肃而坚定。最后,乐曲在欢乐明快的气氛中结束。

　　《致爱丽丝》似乎有一种力量,可以把孕妈妈带入充满欢乐、恬静、美好的世界中,你会感觉仿佛进入了桃花源,没有烦恼、没有苦难、更没有痛苦,身边的一切都纯朴而亲切,优美又温柔。

第31周
第216~217天 绘本

宫西达也《妈妈的奶》
善良、爱、希望和梦想

宝宝出生后,新手妈妈要面临的第一个问题是母乳。生完宝宝半小时内让宝宝吸吮母乳是非常有好处的,记得初乳不能浪费,一定要给宝宝吃。刚开始,你和宝宝都会遇到几次失败,记得不要着急,多多尝试和练习。

今天介绍的绘本名叫《妈妈的奶》(接力出版社),作者是日本著名的绘本大师宫西达也。

宫西达也2006年访问北京时,我在现场听了他幽默而机智的讲座,总觉得作家写的那些温情故事是他自身性格的体现。他是四个孩子的爸爸,也是一位喜欢给孩子讲故事的"故事爸爸";他还是一位阅读推广人,每去一个地方演讲都会在地图上插上一面小旗帜。在北京时,有记者问"绘本需要具备哪些元素才会感人"时,宫西达也回答说:"孩子的心灵应该有一个基石:善良、爱、希望和梦想。"

在《妈妈的奶》中,宫西达也运用自己独特的绘画语言讲述了这样的一个故事:小宝宝喝着妈妈的乳汁健康成长,妈妈的每一滴乳汁中都饱含着妈妈对小宝宝的期望。大象妈妈希望自己的宝宝长成高高的孩子,鼠妈妈希望自己的宝宝长成善良的孩子,你希望自己的宝宝长成什么样的孩子呢?

第32周
第218天 文学

郑燮《竹石》
带给孕妈妈力量与勇气

今天欣赏一首古诗——《竹石》,作者是清代画家诗人郑燮。这是一首题画诗,不仅歌咏了画中的竹,更是托物言志,体现人物的顽强执着。

咬定青山不放松,
立根原在破岩中。
千磨万击还坚劲,
任尔东西南北风。

它紧紧地咬着青山,一点儿没有放松的意思,原来呀,它的根部已深深扎进了破裂的岩石缝里。经历了各种磨难和打击后,它依旧那样坚强、挺拔地站立着,管它刮什么东风、西风、南风还是北风呢!

诗人在这首诗中,用词非常巧妙,一个"咬"字,不仅生动有趣,而且表现出了竹子那种顽强生存的精神。一个"立"字,又展现了竹子永不服输、傲然挺拔的身姿。而且这里的竹子啊,不是静态的,而是经历着千磨万击和东西南北风的考验,也暗喻了诗人的刚劲风骨!读完这首诗,是不是觉得浑身充满力量呢?

第32周的胎宝宝

这周宝宝的身长大约42.5厘米,体重有1700克左右,小肉肉不断积累,身体的各个机能也都越来越完善啦!小家伙的脚趾甲也长出来了,头发还在不停地长哦。胎宝宝会经常练习摇头、睁眼、闭眼、呼吸的技能呢。

爱情圭臬《爱在午夜降临前》
对婚姻和爱情的沉思

今天为孕妈妈推荐的电影为《爱在午夜降临前》，由理查德·林克莱特执导，伊桑·霍克、朱莉·德尔佩等人主演。电影讲述了两人的婚姻生活，其中还包含了如何处理前一段婚姻中的遗留问题对孩子的伤害。电影情节简单，却在男、女主角对话中充分讨论了处于婚姻状态的人怎么看待人生、婚姻、家庭、事业、自我等问题。

杰西是一位美国畅销书作家，赛琳是一位法国环境保护组织的成员。9年前，杰西和前妻离婚，和赛琳结婚并生了一对双胞胎女儿。这个夏天，杰西和赛琳一起去希腊伯罗奔尼撒南部小岛度假。在度假中，杰西和赛琳两人像每一对普通夫妻一样，很快就为生活中的问题而争吵。杰西希望妻子能陪他前往芝加哥生活，以便更好地照顾他和前妻所生的儿子，因为他自己觉得对这个儿子有所亏欠。而赛琳是个独立自主的人，不喜欢被当作一个完全的家庭主妇。两人因此产生了冲突。然而，比起爱情、婚姻，这些生活中的无奈又能怎么样呢？

这部电影的特色是它的对白，以及这些对白对人物关系的微妙影响。当我们深入体会这种细水长流、不厌其烦的对白时，会逐渐理解我们自己、我们的爱人以及我们的生活。

这部电影的灵感源于导演本人29岁时在一家玩具商店的一次邂逅，他和20岁的她聊艺术、电影等话题，非常浪漫地度过了一天。本片结尾时出现了她的名字，导演以此表示自己的感谢。

怀孕、生子对夫妻关系的影响很大，孕妈妈不妨也借由这部电影来审视一下自己的生活。

第32周
第220天 绘画

委拉斯凯兹《宫娥》
集万千宠爱于一身

　　看《宫娥》这件作品时，总能想起一句网络流行语："谁还不是个小公主?"喜欢这句话不仅仅是因为它念出来有一丝丝的傲娇气质，还因为这句话包含的生活态度——像个小公主一样对待自己、对待生活。

　　画面中心的小公主是西班牙国王腓力四世的女儿玛格丽特·特蕾莎公主，她穿着华贵的裙子，金色的头发很是精致，侧着头直视前方，似乎前面有什么重要的人或事在吸引她的注意力，又仿佛在与观众对视。公主左右两侧呈跪姿和鞠躬姿势的女孩是小公主的侍女，正在请求小公主。画面右下角是两人一狗的组合，深色衣服的人虽然个头娇小像个小孩子，但他是个成年人，是当时皇家养的以供娱乐的侏儒。而小女孩则正调皮地将左脚踩在了狗背上。画面后面还有两位隐在暗处的仆人正在低声轻语，一位站在台阶上的仆人则手扶门边回首张望。

　　画家委拉斯凯兹在创作这件作品的时候留了一个小心机，将自己也表现在画面中了，就是最左侧那个一手拿画笔一手持调色盘的人。其眼神仿佛正全神贯注地注视着画外。画面中还有一个小细节，就是画家身后的那面镜子，可以隐约看见国王和王后，他们的位置正处于画外观看者的角度。所以，画家实际上是在为国王和王后画像。只不过他们既是画中艺术家笔下的模特，又是画中场面的旁观者。

　　画家用写实手法将宫廷人物描绘得栩栩如生，既展现了小公主端正的姿态、优雅的气质，又彰显了她天真无邪、活泼可爱的形象，十分惹人喜爱。想必孕妈妈在看到此作时，也想拥有一个如此可爱又有气质的宝贝吧。

班得瑞《雪之梦》
清新自然，饱含情感

现在胎动次数比原来会有所减少，我们仍旧不能忘记音乐胎教，坚持音乐胎教对宝宝的性格形成会有积极的作用。

《雪之梦》是班得瑞乐团创作的一首乐曲，清新、自然，饱含情感。音乐一开始是动听的钢琴前奏，接着用管乐器演绎主题，之后进入钢琴的另一部分，又再次回到主题，这是一首回旋式曲式结构的音乐。

乐曲富含情感，平和而不乏思考，愉悦而略带悲伤的音符使乐曲具有空灵感。闭上双眼聆听，虫鸣、流水的声音伴着知性的旋律流入耳际，让孕妈妈紧绷的神经明显放松下来，并随之联想出很多温馨往事。

此时，孕妈妈可以一边听音乐一边给胎宝宝讲一些开心的往事，能给你的孕期生活增添些许闲情逸致。

第32周
第223~224天 绘本

《宝宝视觉激发黑白卡》
宝宝出生后促进视觉神经系统和大脑发育

　　此时已经超重的孕妈妈，每天要进行适量的运动以消耗身体里多余的热量，例如去公园散步或是适当做些家务，既有利于胎宝宝成长，也可以减少妊娠期肥胖的程度，产后恢复也会更加容易。

　　宝宝出生后的前两周建议宝宝以睡眠为主，第3周以后可利用黑白卡进行视觉训练，记得一定在宝宝精神状态好的时候看，距离宝宝眼睛15~20厘米远。

　　0~3岁是宝贝大脑发育的黄金期。通过黑白卡、彩色卡可激活宝宝视觉神经系统，促进全脑发育与对明暗、图形的感知，提升观察力、培养好奇心和探索能力！

　　建议孕妈妈现在就准备好该套卡片，翻一翻，想象一下与宝宝一起阅读的场景。黑白卡在宝宝出生后就可以使用，彩色卡在宝宝出生后3个月可以开始使用。需要注意的是只有快速掠过宝宝视野的运动图像，才能对宝宝有足够的视觉刺激，所以爸爸妈妈在用这套卡片的时候，一定要让卡片动起来。

范成大《田家》
生动活泼，又极富生活气息

今天欣赏一首古诗——《田家》，作者是南宋诗人范成大。范成大的诗，读起来平易浅显，清新自然。他写作的题材也非常广泛，其中，以反映农村生活的作品成就最高。

> 昼出耘田夜绩麻，
> 村庄儿女各当家。
> 童孙未解供耕织，
> 也傍桑阴学种瓜。

田家人白天出去到农田里劳作，晚上还要在家里搓麻线。在村子里，不管男女老少，每个人都有自己的分工。虽然幼小的孩童还不怎么会耕种和织布，但是也勤快着呢！不信你看，小家伙正在树荫底下，学着大人的样子种瓜哩！

这首充满了泥土气息的田园诗，读起来既生动活泼，又富有生活趣味儿。前两句赞扬了田家人的勤劳和担当，后两句引入孩童的形象，通过细节的描写，把田家人从小就热爱劳动的朴实作风表达了出来。

第33周的胎宝宝

这周宝宝身长大约43.5厘米，体重有2000克左右，在最后这几周里，宝贝的体重都会保持猛增的势头哦，小家伙的皮肤开始有光泽啦。

第33周
第226天 影视

法国喜剧片《一件幸福的事》
怀孕带来的快乐与不快乐

今天推荐一部专为孕妈妈量身打造的电影《一件幸福的事》，这是由雷米·贝桑松执导，露易丝·布尔昆、皮奥·马麦等人主演的一部法国喜剧片。

从女孩成长为妈妈，这个角色的转变，对于很多人来说，是一个很难接受的事情。该片就讲述了一个年轻的女大学生芭芭拉意外怀孕而开始做母亲的故事。

电影有一个浪漫有趣的开头，讲述两人如何开始相恋的。尼古拉斯是音像店的店员，芭芭拉去租录像带，尼古拉斯给她推荐了一部叫《花样年华》的电影，并说了一句：这部电影，征服一切。从此，芭芭拉一路过音像店，尼古拉斯就会用一部电影的名字表达爱意，直到两人第一次约会。

该片节奏明快，讲述了两人从恋爱到怀孕再到分娩以及后来抚养孩子的全过程。

人们常说，相爱容易，相处难。生活并不简单，只有经历过孕期、经历过分娩的人才能体会，只有需要在一个新家庭里适应各种关系的人才能体会。两人有了孩子之后，芭芭拉在家庭里要扮演妻子和母亲两个角色，同时还要写未完成的论文。丈夫抱怨说：你不再是你了。但我们说，这就是生活可能要面临的状况。

电影的最后，女主角独白："她把我推进战壕，缴械投降，让我越过所有的底线，让我直面绝对，直面爱、牺牲、温柔和信任。她将我瓦解，让我脱胎换骨。为什么没有人告诉我这些，为什么大家都避而不谈？"

我想，正在孕期的你只有看到真实状况，了解生孩子的真实意义，才能更加从容、有力地面对这一切，适应这一切。

第33周 第227天  绘画

梵高《第一步》

人生的第一步，激动人心

　　孩子迈出的第一步是值得纪念的，也是最让爸爸、妈妈心生欢喜的一步。法国现实主义画家米勒就曾画过这一重要的时刻。而今天为孕妈妈推荐的《第一步》这件作品则是梵高临摹的米勒同名作，梵高并没有机械地模仿米勒，而是用后印象派的技法重塑了这一主题。

　　在一块农村的耕地上，一个穿着粉色裙子的小姑娘在母亲的帮助下，步履蹒跚地走向自己的父亲；对面的父亲，蹲下身子，张开双手，准备拥抱走过来的女儿。整幅画面洋溢着家庭的温馨和幸福。

　　梵高用笔很粗放，以大笔触描绘人和物的外观轮廓，重在追求意境的塑造，不刻意追求画面的写实感。画作色彩鲜明，主要由黄色、绿色和蓝色组成，这是梵高常用的颜色，也是其最擅长的颜色。这些属于大自然的色彩，让人感受到生命的活力。再配合小女儿学走路的动作，更加凸显出梵高对生命的礼赞。

　　整幅农村景象使人感到纯真和质朴，平凡的生活中又饱含了炙热的亲情，这是此作最难能可贵之处。孕妈妈欣赏此作时，一方面能感受到大自然充满了生机活力，另一方面又感受到了家庭的温馨和暖人的亲情。

第33周
第228～229天 音乐

舒曼《梦幻曲》
诗歌般的律动感，诉说着温暖与爱

隆起的大肚子，不仅白天行动非常不便，也很影响晚上睡眠。医生一般会建议孕妈妈最好是左侧睡，这样比较舒服，也可以保证胎盘的血液循环，有利于胎宝宝的发育。睡前别忘记继续做音乐胎教哟。

罗伯特·舒曼是德国著名作曲家、音乐评论家，被誉为"音乐诗人"。他的音乐创作比较注重人物感情的表达，也经常描写一些梦幻的世界。他的作品在旋律、和声、节奏上都有自己鲜明的个性和独到之处，充满浪漫主义色彩。今天为孕妈妈推荐一首舒曼的《幻想曲》。

《梦幻曲》常由钢琴或小提琴独奏，乐曲节奏缓慢平稳、细腻动人，主题简洁而纯粹。

孕妈妈可闭上双眼，用心感受，这种充满浪漫的梦幻旋律像是我们在追求着童年的那份纯粹的自然之美，一个天真无邪的童话故事在乐曲中上演着。在丰满、温和的和弦衬托下，旋律起伏均匀，不知不觉地把孕妈妈带进了优美、温馨的梦境中。

第33周
第230~231天
绘本

宫西达也恐龙系列
一颗有爱的心会有多强大

孕晚期的孕妈妈，无论是在工作还是生活中，常常注意力无法集中，还常胡思乱想，甚至因为想象中的情景而影响自己的心情。尤其面对一些关于孩子的负面消息或是新闻时，孕妈妈会变得特别脆弱。为了保护胎宝宝的健康成长，建议孕妈妈少接触这类负面信息，并尽可能减小它们对自己的影响。

今天为孕妈妈推荐的是宫西达也的恐龙系列绘本，由二十一世纪出版社出版，只要买过的妈妈都夸赞。之前对宫西达也先生已经详细介绍过，并且提及过恐龙系列。这套书包含《你看起来好像很好吃》《我是霸王龙》《你真好》《永远永远爱你》《遇到你真好》《我爱你》《最爱的，是我》。

在宫西达也笔下，看起来凶猛的小翼龙是可爱又坚强的，即便是凶猛的霸王龙也有了善良、温情的一面……宫西达也的绘画能让孩子在善良、友谊、分享的快乐世界里自由成长。7个催人泪下的小故事，没有刻意地说教，没有直白地讲亲情和友情，但却实实在在地让孩子感受到了这些美好的感情，它们是那样地感动读者内心。

宫西达也的画风是粗犷的，大色块、对比色、线条粗犷。恰恰是这种简单、不雕琢的艺术风格，让孩子有着自然的亲近感，故事中的恐龙就好像是孩子身边的朋友一样单纯、明朗。

这套绘本讲得最多的就是爱，爸爸、妈妈对孩子无私的爱，孩子对爸爸、妈妈更加无私、无条件的爱。推荐孕妈妈大声阅读，相信你一定会被书中故事打动。

第34周 第232天 文学

戴复古《初夏游张园》
江南园林风光，引人入胜

接下来，我们继续文学胎教，今天欣赏一首古诗——《初夏游张园》，作者是南宋著名的江湖诗派诗人戴复古。这位诗人虽然才华横溢，但是没有走"学而优则仕"的道路，而是一生浪游江湖，年老后归家隐居。我们来感受一下戴复古的这首《初夏游张园》。

> 乳鸭池塘水浅深，
> 熟梅天气半晴阴。
> 东园载酒西园醉，
> 摘尽枇杷一树金。

小鸭子们在深浅不一的池塘里快乐地游着，在这个梅子成熟的季节里，天气总是阴晴不定。我刚刚在东园子里喝完酒，又跑去西园子畅饮了一番，真是喝了个酩酊大醉。趁着酒劲儿，我把园子里一棵枇杷树上的果子都摘光啦！

这首诗描写了一幅初夏时节人们在园林宴饮的生活场景。虽然天气时而晴朗时而阴雨，都挡不住诗人游园的兴致。活泼的小鸭子、熟透的梅子、金灿灿的枇杷、欢庆的醉饮，到处都充满了丰收的喜悦。

第34周的胎宝宝

这周胎宝宝身长大约45.5厘米，体重有2150克左右，宝贝看起来更加丰满可爱了。胎宝宝的各项器官都已发育完成，有的胎宝宝已经入盆了。

玛丽莲·梦露《热情似火》

幽默与认真，让人捧腹

今天为孕妈妈推荐一部玛丽莲·梦露主演的经典电影《热情似火》。

这是一部黑白片，一部半个多世纪前的美国喜剧电影杰作，严格来说，更像是黑色电影与喜剧的混合体，有着至今仍不过时的奇异特质。如果有幸在大银幕上观看这部电影，你会佩服比利·怀尔德出色的导演能力，甚至能够理解为什么玛丽莲·梦露在美国人的心中是永远的女神，玛丽莲·梦露在本片中发挥出了演绎生涯里最值得称道的水平。

故事发生在1929年的美国芝加哥，两个音乐演奏家——乔和杰瑞因无意中目睹了黑帮分子在车库射杀告密者而被黑帮追杀。无奈之下，二人男扮女装，加入了一个正需要演奏家的女性乐团，并跟着乐团乘火车前往迈阿密，躲过了追杀。两人和乐团中的美丽女郎秀珈成了闺蜜，乔喜欢上了秀珈，冒充石油王的公子，赢得了秀珈的倾心；男扮女装的杰瑞却被一个富有的老头看中，一再对他表示好感。后来，黑帮在迈阿密发现了两人，他们只能继续逃亡。两人和秀珈一起，"闺蜜"三人组一同躲进了老富翁的住宅，发生了一连串令人捧腹的故事。

有欣赏相声习惯的国人一定懂得喜剧中台词的重要性。《热情似火》有非常俏皮的台词，几乎每一段对话都能抖出意料之外的包袱。当然了，电影台词的设计并不仅仅是到抖包袱这一层面为止，而是要严格契合人物和剧情的需要，更重要的是本片的台词很多时候指向了社会问题这一层面。轻松诙谐地触及、批判了贫富差距问题、社会阶层的差异化问题以及性别观念问题。在这一层面的突破，是本片不朽的真正原因。

从画面上来讲，男扮女装是一个象征意味的形象，就像是有意要让男性变成女性、从女性的角度出发去理解女性面对男性时的感受，这一形象与梦露这种性感女神形象的混合和错位，造就了电影独特、癫狂的气质。

第34周
第235~236天 绘画

夏尔丹《午餐前的祈祷》
日常的即是美好的

家人们围坐在一起就餐，往往是一天中最幸福的时刻，吃吃饭、聊聊天，也是最好的交流情感的方式。

《午餐前的祈祷》是法国画家夏尔丹创作的一幅油画作品，现收藏于法国巴黎卢浮宫。画家高超的写实技法，将画中人物描绘得栩栩如生。用色柔和、光线饱满，特别是白色的运用，点亮了画面的中心，更加衬托出孩子们的天真无邪与纯洁美好，也使得作品极富感染力和亲和力。

母亲已经将食物准备好，但坐在其对面的小女儿双手合十，正在背诵祈祷文，应该是没背熟或者遇到其他问题，向母亲投去了委屈的眼神。慈祥的母亲正弯着腰，向女儿投去关注的目光。慈祥、温柔的母亲与天真、纯洁的女儿营造出了整幅画作的温馨感与和睦感。

夏尔丹作品的最大特点就是在平凡的生活中展现出细腻的感情，使人忘却生活的贫困与苦恼，沉浸在一种温馨感和舒适感中，具有净化心灵的作用。孕妈妈在欣赏此作时，关注点通常会聚焦在母亲与女儿眼神的对视中，是不是很期待自己将来也能成为一位慈祥的母亲，也能拥有如此乖巧、可爱的宝贝呢？

第34周
第237~238天 音乐

儿歌，我们一起歌唱
为胎宝宝唱经典儿歌

今天为各位孕妈妈推荐几首适合胎教的儿歌，妈妈一定要边听边唱哦，胎宝宝可能也会在肚子里张嘴跟你一起歌唱呢。

《蓝精灵之歌》是一部经典动画片中的主题曲，是由瞿琮作词、郑秋枫作曲。乐曲动感十足、节奏欢快、旋律优美，深受小朋友喜爱！

《小燕子》是一首很治愈的儿歌，不仅孩子喜欢，大人们也非常喜爱。歌词简单易懂，旋律纯净无比，天真而烂漫。不同的人、不同的心境下听，会体会出不同的感受，爸爸、妈妈一起唱给胎宝宝吧！

《爱我你就抱抱我》歌唱的是孩子和父母之间的爱和陪伴。由彭野作曲、作词。陪孩子、亲孩子、夸孩子、抱孩子，歌词中大部分是爱意人性化的表达，唱起来更是朗朗上口。

以上儿歌都得到了众多孩子和大人的喜爱，孕妈妈唱起来吧！

赵师秀《有约》

梅雨时节的江南夜景

今天欣赏一首古诗——《有约》,作者是南宋诗人赵师秀。赵师秀是一位非常出色的诗人,被人们称为"鬼才"。

> 黄梅时节家家雨,
> 青草池塘处处蛙。
> 有约不来过夜半,
> 闲敲棋子落灯花。

梅子变黄的季节,家家户户都笼罩在连绵的阴雨之中。长满了青草的池塘里,到处都传来青蛙的叫声。主人和朋友约好了一起下棋,可是等到半夜了,朋友还没来,主人只好一个人摆弄着棋子,只看见灯花隔一会儿就落下一朵……照明灯火上的火星给震了下来。

这首诗的一景一物选得都特别好,黄梅、阴雨、青草、池塘、青蛙等,从视觉到听觉,立体化地勾勒出梅雨时节江南的夏夜景色。前两句写景烘托氛围,后两句写人和事,"有约不来过夜半"点明了事情的原委,"闲敲棋子落灯花"形象地写出了主人的闲逸心情。

第35周的胎宝宝

这周宝宝的身长大约46厘米,体重有2400克左右,胎宝宝的大部分身体部位都发育好啦,小家伙圆滚滚的,超级可爱。胎宝宝的手指甲长长喽,可能已经超过指尖啦,不过质地很软哦。

基努·里维斯《云中漫步》

探访心底的葡萄园

今天,为孕妈妈推荐一部经典电影《云中漫步》。

这部电影会给孕妈妈带来一份厚重感,这份厚重感来自于传统文化对电影文化背景真实感的加持。《云中漫步》这部电影表现了墨西哥文化氛围下的婚嫁之事。电影的剧作采用了经典的叙事结构,原声音乐采用了传统管弦乐的风格来衬托氛围。因此,这部电影会给观众带来一份久违的叙事作品特有的感受。

"二战"结束以后,美军士兵保罗·萨顿回到家里,发现妻子对自己漠不关心,两人之间的感情出现了裂痕,保罗心灰意冷地离开家,去找工作。在火车上,保罗偶遇美丽的维多利亚·阿拉贡,两人很投缘。保罗一路上照顾着维多利亚,她向保罗吐露了自己的烦恼,怀孕后被男友抛弃,现在要回家团聚,但是父亲是个思想守旧的人,她不知道如何面对家人。

为了帮助维多利亚,保罗想到了一个方法,两人以夫妻名义回家,之后,保罗再偷偷离开,这样维多利亚宣布怀孕时能少一些压力。到家并成功应付了一开始的怀疑之后,保罗打算开溜。但因为族长盛情邀请参加葡萄采摘仪式,他决定等仪式结束后再走。但是这天夜里,保罗和维多利亚之间燃起了熊熊的爱情之火。晚宴时,维多利亚的父亲宣布了两人的喜讯,然而,保罗想起来他还有妻子……

本片是好莱坞著名演员基努·里维斯尝试文艺题材的一次突破之作。英俊的脸庞上渗透出一种赤诚、专注的气质,导演认为他像修士、像清心寡欲的人,正是这一特质令导演阿雷奥在人才济济的好莱坞演员大军中看中了他。

葡萄园,这个符号无论在东方还是西方本身就带有梦幻色彩,在中国一些地方有"七月七到葡萄架下听牛郎织女说悄悄话"的习俗。在西方则有这样的话:"来葡萄园劳作的人,无论早晚,都能进入天堂。"电影里的葡萄园,无论清晨还是傍晚,都弥漫了阵阵薄雾,犹如仙境。

第35周
第242~243天 绘画

拉斐尔《草地上的圣母》
静谧悠远，治愈系画作

意大利文艺复兴时期的作品，总是带有宗教色彩，比如拉斐尔创作的这件《草地上的圣母》，就用宗教题材展现了浓浓的母爱。

空旷的草地上，圣母安详地坐在岩石上，身体微微前倾，护住怀中的小圣子，以防其摔倒，眼神关注着圣约翰与圣子的动作。左侧的小圣约翰单膝跪地，双手持十字杖，正交予圣子，而圣子的右手握住了十字杖的顶端，下身由于圣母的保护，使身体处在一个平衡的状态下。

圣母身着红色和蓝色拼接的衣裙，小圣子在蓝色裙子的衬托下，显得越发娇嫩可爱。圣母右后方的草地上，盛开着两朵红色的小花，与圣母的衣服相呼应。远处的草地、远山越退越远，天地最终交织在一起，呈现一种静谧、悠远的意境。

拉斐尔细腻的表现技法，将圣子乖巧、可爱、俏皮的特点展现得淋漓极致。孕妈妈在欣赏这件作品时，也能忘掉忧愁与焦虑，保持内心的平静，平复紧张的情绪。

第35周
第244~245天 音乐

小约翰·施特劳斯《维也纳森林的故事》

感受美妙而色彩斑斓的音画

美丽、坚强的孕妈妈，35周了，距离预产期大概还有一个月的时间了。临近分娩，现在的你或许开始有些紧张；如果你是初产，紧张感会更加强烈。这时记得跟老公、家人多沟通，放松心情；也可以与其他孕妈妈交流、学习一些经验，分享经历等。平时无论在做家务还是休息时，听一些优美的音乐，还能帮助你舒缓分娩前的紧张感，今天为孕妈妈推荐小约翰·施特劳斯的《维也纳森林的故事》。对于胎宝宝想象力也有一定的帮助哦！

在奥地利首都维也纳的郊区有一片美丽的森林，吸引着无数的游客，森林的美景同样激起一些大作曲家的灵感。小约翰·斯特劳斯是维也纳人，《维也纳森林的故事》就是他献给故乡的赞歌。

全曲由序奏、五首圆舞曲和尾声构成，结构属于典型的维也纳圆舞曲式。乐曲的开始，两支圆号的旋律描绘了优美的风景，单、双簧管响起，像极了牧人的角笛，仿佛在告诉我们钟声响起，将迎来春天温馨的清晨。大提琴缓缓奏出，像美丽的晨曦透过浓雾轻柔地照进维也纳森林里，还伴随着婉转的鸟鸣，描绘出一幅大自然美景。接着，旋律节奏加快，是人们趁着如此迷人景色在轻歌曼舞的场景。

这一曲小约翰·施特劳斯的《维也纳森林的故事》，孕妈妈倾心聆听，会感受到身边的一切宛如人间天堂，眼前美景简直美不胜收。

第36周 第246天 文学

范仲淹《渔家傲·秋思》
极具正能量的爱国之情

今天欣赏一首词——《渔家傲·秋思》,作者是北宋著名的政治家、文学家范仲淹。他不仅政绩卓著,文学成就也非常突出。

塞下秋来风景异,衡阳雁去无留意。
四面边声连角起,千嶂里,长烟落日孤城闭。
浊酒一杯家万里,燕然未勒归无计。
羌管悠悠霜满地,人不寐,将军白发征夫泪。

秋天来了,北方边塞的风光和南方迥然不同。大雁急匆匆地向南方衡阳飞去,一点儿也没有停留的意思。太阳落山了,周围军营里的号角声吹了起来,在层峦叠嶂中回响着,城池的大门,孤零零地紧闭着。

一杯浊酒下肚,不由得想起远在万里之外的家人。可是,在没有平息外患、建功立业之前,我不打算回去。远处又传来了悠悠羌笛声,夜深了,我却依然没有睡意,心里想着军中大事。我的须发都白了,梦里不知多少次流下思乡的泪水。

孕妈妈大声地朗读出来吧,可以将孕期的紧张和压力一并发泄出来。

第36周的胎宝宝

恭喜孕妈妈顺利进入第36孕周,这周胎宝宝的身长大约47厘米,体重有2700克左右,36周的胎宝宝已经非常成熟啦。

《哪吒之魔童降世》

"我命由我不由天"

　　《哪吒之魔童降世》是霍尔果斯彩条屋影业有限公司出品的动画电影，饺子编剧并执导，吕艳婷等配音，2019年上映，荣获第33届中国电影金鸡奖最佳美术片。

　　在中国，哪吒是一个家喻户晓的神话人物。在电影艺术诞生之后，演绎哪吒故事的版本有很多，大多以动画的形式来叙述，这是为何？可能缘于哪吒是一个儿童化的英雄，非常契合动画片的受众群体。

　　有《哪吒闹海》《哪吒传奇》等珠玉在前，2019版的《哪吒之魔童降世》采取的方式是有继承、有发展。它继承了哪吒故事的原本框架，加入了很多现代元素，更加贴近现代观众，如港式无厘头的笑料，如太乙真人的四川话、人工呼吸这样的桥段等，当然了，笑料的高低仁者见仁。

　　《哪吒之魔童降世》这部电影的主题侧重于关注哪吒这一人物的成长。故事从天地灵气孕育出的混元珠说起。元始天尊将混元珠炼成灵珠和魔丸，托付太乙真人，把灵珠投胎为陈塘关总兵李靖即将出生的儿子。太乙真人酒后误事，又因申公豹暗中夺走灵珠，阴差阳错，让魔丸托生为哪吒。因此，哪吒生下来就是个魔童，而且只有三年寿命。李靖夫妇深爱他们的孩子哪吒，即便他生性顽劣，也把所有的关爱给了他。而灵珠则被龙王和申公豹托生为龙王的儿子敖丙，他背负了从海底炼狱中拯救整个龙族的希望。哪吒与敖丙初次结识就变成了朋友，但两人角色注定对立。在对抗的过程中，两人也在成长。电影着重讲述了孩子成长过程中价值观的逐渐变化与成型。在电影中，哪吒的一句台词"我命由我不由天"，是一个自我的启蒙。

　　从这部电影的画面来看，动画特效较为出色，是国产电影应有的水准。包罗万象的文化元素，比如山河社稷图里的荷叶，荷叶上有一个世界，就像中国传统文化里的微雕艺术。这些好玩的文化元素加上神话传说的故事，可以激发观众对传统文化的更大兴趣。

第36周
第249~250天 绘画

夏尔丹《吹肥皂泡的少年》
还记得那些年玩过的游戏吗

  吹肥皂泡应该是每个人都有的童年记忆，那你知道在1734年的法国，吹肥皂泡就已经开始出现了吗？

  画家夏尔丹用他的画笔记录下了这一有趣的画面：一位少年趴在窗台上，正专心致志地吹着肥皂泡。少年低着头，左手扶着阳台，右手拿着麦秆，麦秆的顶端连着少年的嘴唇，下端连着肥皂泡。鼓鼓的肥皂泡，形状匀称，折射着阳光斑斓的色彩。窗台的左侧摆放着一个盛着肥皂水的玻璃杯，斜插着另一根麦秆，仿佛是在邀请我们跟少年一同吹肥皂泡。

  有趣的是，一位个子矮小的小男孩正趴着窗台，踮起脚尖，探头探脑地看着肥皂泡。这个男孩只露出半张红扑扑的脸蛋，单纯可爱。

  整幅画面简单、平凡，艺术家通过独到的写实技法，将日常生活中的一景刻画得韵味十足。微妙的神态捕捉、细腻的光线处理，使作品充满了温馨感和幸福感，让观者体会到生活的乐趣。

  孕妈妈观看此作时，很容易沉浸于画家塑造的这种柔和、安静、闲适、舒服的环境中，通过孩子们的神情、动作，更能体会到生活的温暖和惬意。

贝多芬《田园》
跟随音乐去田园、去大自然呼吸新鲜空气

　　胎宝宝即将足月，现在各个器官已经基本发育完善，时刻准备着来到这个充满美好的世界上与你见面。那么，今天为腹中的好奇宝宝推荐一首交响乐《田园》。

　　乐曲原名为《F大调第六交响乐》，是德国作曲家贝多芬的代表作之一，创作此曲时贝多芬双耳失聪，在乡村养病。这首作品表现了他对大自然的依恋之情，通过音符抒发回忆及感情，并亲自命名为《田园》。在乐曲首演节目单上，贝多芬写到"乡村生活的回忆，写情多于写景"。作品细腻动人、朴实而无华。

　　作品的旋律描绘了恬静清新、平静安宁的乡村，流水潺潺的溪边小景，喧闹欢乐的乡村集会，突如其来的狂风暴雨，以及风雨过后人们欢快、激动的心情等。每个乐章都展现得细腻动人、纯真朴实、宁静而安逸，将乡村、田园及大自然风光展现得如此完美，就让孕妈妈带领胎宝宝一起跟随音乐到田园中看看万物，到大自然中呼吸新鲜空气吧。

第37周 第253天 文学

欧阳修《浪淘沙》
意境深远，感情真挚

今天欣赏一首词——《浪淘沙》，作者是北宋政治家、文学家欧阳修。欧阳修是大宋文坛的一代领袖，领导了北宋诗文的革新运动，开创了一代文风。

把酒祝东风，且共从容。
垂杨紫陌洛城东，总是当时携手处，游遍芳丛。
聚散苦匆匆，此恨无穷。
今年花胜去年红，可惜明年花更好，知与谁同？

端起酒杯，祈求东风不要匆匆离去，和我们多待几日。朋友啊，还记得洛阳城东这条郊外小路吗？这里垂柳依依，我们曾经一起在这儿游玩，赏遍了路边的姹紫嫣红。

相聚的时间总是这么短暂，转眼又到了分别时，心中有无限的眷恋。你看，今年的花儿开得比去年还美丽，明年的花儿会开得更好看，但是可惜了，我将和谁一起观赏呢？

这首词是作者和好友故地重游时，感慨万千，写下了昔日的美好和今日的不舍。一开始，作者表面上挽留东风，其实是挽留时光，让时光走得慢一些，以便和好友相聚的时间再长一些。作为孕妈妈的你，是否也想让时光慢一些呢？

第37周的胎宝宝

哇哦，恭喜孕妈妈顺利进入第37孕周，这周宝宝身长大约48厘米，体重有3000克左右。宝贝已经做好准备，等待降生啦。

经典喜剧《憨豆的黄金周》

传统欧洲的喜剧味道

看过2012年英国伦敦奥运会开幕式的人，都会对罗温·艾金森的表演印象深刻。这位瞪着眼睛的男人总是能做出令人忍俊不禁的动作。他就是著名的"憨豆先生"。今天为孕妈妈推荐喜剧电影《憨豆的黄金周》影片中，憨豆先生路过彩票站时买了一张彩票，竟然中了大奖，奖品是一周的巴黎旅行、一部摄影机和200欧元。于是，憨豆先生开始了他的假期旅行。

在旅途中，他先是坐错了车，来到一个不知名的地方，只好又走着去了火车站。饥肠辘辘的憨豆先生去买食物，没想到领带被机器吸了进去，拽不下来，于是又错过了火车，只好再等下一班车。车来了之后，为了留个纪念，他让旁边一位要去戛纳电影节当评委的人帮忙拍摄，没想到火车这时开车了。于是，这位评委被关在了车外，但评委的儿子斯捷潘却在车上。

带着歉意，憨豆先生一路上照顾着斯捷潘。两人打算在下一站等评委，没想到车却没有停。两人后来丢了钱包，没钱坐火车。这个时候，憨豆先生发挥他的喜剧天赋，在街头用偷来的音箱，即兴表演了一段喜剧，收到了街头观众的赏钱。在去戛纳的途中，憨豆先生还遇到了一位想出名的短发美女演员，并为她拍摄了视频。

到了戛纳，憨豆先生被通缉。因为斯捷潘的爸爸报了警，警察认为他绑架了斯捷潘，所以必须把斯捷潘送回爸爸的身边。憨豆先生和斯捷潘混进了电影的首映式现场，还播放了自己拍摄的视频，短发美女因此出了名。斯捷潘也登台解释了事情的误会，找到了爸爸。经过这些复杂的、倒霉的经历，憨豆先生才找到了海滩，真正开始度假。

电影的故事情节本身并不复杂，但却充满了笑料，这些笑料来自于对生活细节的幽默化处理。推荐孕妈妈观看，放松一下吧。

第37周
第256~257天

莫里索《摇篮》

静静地看着你,就是一种幸福

小时候不理解,为什么爸爸、妈妈说看着孩子睡梦中安静的脸感到分外幸福。长大后,有了自己的孩子,突然就明白了这种幸福。

法国画家莫里索的这幅《摇篮》表现的即是这一温馨幸福的场景。画面中静静端详孩子的女子是莫里索的姐姐,她的目光温柔如水,左手托腮,右手揽着摇篮,手指还撑着摇篮上的纱帐,仿佛担心有蚊虫来惊扰孩子甜美的梦。光线透过薄纱照到婴儿酣睡的小脸,像个可爱的小天使。

画面洋溢着母爱宁静、和谐的梦幻之光,让观众在欣赏时都不忍高声说话,以免惊扰到这美好的时刻。莫里索最大的特点就在于将普通的日常生活场景赋予诗意,她将母亲的深情与孩子的安静描绘得细致入微,毫无矫揉造作之态,画面优雅、和谐、干净、纯洁。

画家用速写式的造型、潇洒、流畅的笔触,通过对瞬间光影和色彩的敏锐捕捉,体现了细腻的心理情感,被誉为"纯洁的天才"。

孕妈妈欣赏此作时,定会联想到日后自己也会经历这样的场景。看着宝贝静地酣睡,心里充满了幸福感,仿佛时间静止,让自己永远停留在这温馨的时光里。

第37周
第258～259天 音乐

勃拉姆斯《摇篮曲》
伴孕妈妈和胎宝宝安心入睡

有人曾说：音乐是最大的快乐，是生活中的调味剂。今天为孕妈妈推荐一首勃拉姆斯的《摇篮曲》。

勃拉姆斯是德国作曲家、钢琴家，在德国音乐史上与巴赫、贝多芬齐名，被合称为"德国三B"。他一生创作了大量作品，有四部交响乐、十余部管弦乐曲、多部协奏曲等。其风格质朴、严峻，蕴含浪漫主义的精华。

摇篮曲又称催眠曲，是一种抚人心灵的乐曲。原是母亲在摇篮旁为婴儿安静入睡而唱的歌曲，慢慢地逐渐发展成为一种音乐体裁。

1868年，勃拉姆斯创作《摇篮曲》，最初是一首通俗歌曲，后改编为乐器独奏曲。它通过强、弱拍节奏的起伏，塑造摇篮摆动的形象；旋律曲调平静、优美，营造出一种安宁、亲切、温纯的氛围，描绘了母亲对宝宝无尽的爱。孕妈妈静心聆听，放下焦虑不安的情绪，跟你的胎宝宝愉悦、安心地对话，然后舒心地入睡吧。

李之仪《卜算子·我住长江头》
关于痴恋的千古绝唱

今天欣赏一首词——《卜算子·我住长江头》，作者是北宋文学家李之仪。这首词被后世广泛传诵，让我们来感受一下。

> 我住长江头，君住长江尾。
> 日日思君不见君，共饮长江水。
> 此水几时休，此恨何时已。
> 只愿君心似我心，定不负相思意。

我住在长江的上游，你却住在长江的下游。我每天都在想念你，却苦于见不到你，唯一值得欣慰的是，你我都喝着这长江里的水。

长江水什么时候停止流淌了，我对你的思念才会结束。真的希望你的内心和我一样，也在思念着我，那样的话，我一定不会辜负你的情意。

相信孕妈妈也感受到了词中的情意，典型的借物寄情，借长江水寄托相思情意。"此水几时休，此恨何时已"，类似的说法还有"山无棱，天地合，乃敢与君绝"，正话反说，更突出了创作者的坚贞。

第38周的胎宝宝

哇哦，恭喜孕妈妈顺利进入第38孕周，这周宝宝身长大约49厘米，体重有3150克左右，估计很想来外面的世界看看呢！

轻喜剧《真爱至上》
永远不要对爱失去信心

今天为孕妈妈推荐一部爱情轻喜剧片《真爱至上》。本片由理查德·柯蒂斯执导，集合了一大群著名影星，如休·格兰特、艾伦·里克曼、比尔·奈伊、连姆·尼森、科林·费斯、艾玛·汤普森和安德鲁·林肯等。

这部电影相当于一组爱情故事集锦。10对不同职业、不同阶层的恋人间的"爱"在圣诞节前夕开始发酵。

休·格兰特这位长着一张典型英国脸的著名演员饰演一位新晋的英国首相。在唐宁街10号的官邸里，他发现自己喜欢上了负责端茶、倒水的服务生、单亲妈妈娜塔莉。

凭借美剧《行尸走肉》火遍全球的安德鲁·林肯饰演一位暗恋女同事的害羞男人。他想出了一个笨办法来向自己喜欢的人表白，在一块纸板上写下"我会用余生去爱你，会用全部的力气去爱你……"令人印象深刻的一个片段是这个男人在表白之前的焦虑、期待、犹豫、慌神，多种心态被安德鲁·林肯表现得游刃有余。

看过《辛德勒的名单》的人都能认出演员连姆·尼森，他在这部电影里饰演了小男孩山姆的父亲。山姆喜欢上了一个小女孩，为了让小女孩注意到自己，他疯狂练习架子鼓。在父亲的鼓励下，小男孩最终在机场对心上人表白。

英国轻喜剧有英国式的诙谐幽默，别有味道，就像一种冷咖啡与热奶茶混合的感受。据说，片头、片尾的机场中人来人往、拥抱、欢迎的镜头都是在真实场景中拍摄的真实大众，展示了一幅爱在人间的画面。

最后的结局皆大欢喜，旨在为人们点燃一点希望，这也是轻喜剧的意义所在。

第38周
第262天 绘画

苏汉臣《秋庭戏婴图》
看宋代孩童嬉戏

  玻璃弹珠、画片、孔明锁、万花筒、小霸王游戏机、积木……你还记得小时候玩过的玩具吗？每个年代的人都有独属于自己儿时的玩具记忆，那你知道宋朝的小朋友在玩些什么吗？我们去《秋庭戏婴图》中找找答案吧！

  《秋庭戏婴图》一般被认为是北宋画家苏汉臣南渡后的作品，描绘了秋高气爽时节一对姐弟在庭院中玩耍嬉戏的场景。姐弟俩正围着一个圆凳，聚精会神地玩着推枣磨的游戏：弟弟全神贯注地沉浸其中，就连肩上的衣服滑落了都毫不在意，动作虽笨拙，却十分惹人喜爱；姐姐则低头望着弟弟，有种想指点和帮助弟弟、却又欲言又止的样子，俨然一副小家长的模样。

  在他们身后的圆凳上还摆放着其他玩具，有转盘、佛塔、陀螺等，圆凳的下面还散落着一对铙钹（náo bó）。这些都是中国古代儿童日常玩耍的玩具，有些甚至在今天还随处可见，比如陀螺，不仅小朋友喜欢，很多大人也还沉醉其中。

  整件作品设色古雅，用线行云流畅，富于转折变化，展现出孩童稚气未脱、天真无邪的精神世界。在欣赏此作时，孕妈妈很容易沉浸于画家营造出的儿童嬉戏情景中，想必画家内心也想拥有一对这样的儿女吧，他们天真、活泼、可爱，胜于世间的一切美好。

第38周
第263～264天 音乐

普罗柯菲耶夫《彼得与狼》

一起战胜大灰狼,做一个机智勇敢的宝宝

由于孕晚期一些症状的出现,加上身体劳累,越临近分娩,心情会越发紧张不安,会担心种种的不好,容易胡思乱想,如害怕生产时疼痛等,特别是初产的孕妈妈。

《彼得与狼》是普罗柯菲耶夫专为儿童写的一部交响童话。乐曲运用乐器和旁白的方式讲述一个叫彼得的小男孩英勇智斗大灰狼的故事。运用各种乐器来刻画人物与动物的性格神态,音乐形式新颖、活泼,旋律通俗易懂。

作品中用长笛的高音区表现小鸟的灵活好动;弦乐奏出彼得的神情,描绘了彼得的机智勇敢;双簧管模拟鸭子的形象,生动地刻画出蹒跚的步态;单簧管低音曲的跳音演奏描绘了小猫捕捉猎物时的机警神情;爷爷老态龙钟的神态是由大管浑厚、粗犷的声音表现;用三只圆号来体现狼阴森可怕的嚎叫。每个角色、每个段落不但形象鲜明,而且富含艺术魅力。

放下手上的一切事务,让我们一起来倾听这首童话乐曲。带领胎宝宝与小鸟、小猫、小鸭子一起玩耍,和彼得一起战胜凶恶的大灰狼。告诉胎宝宝,要学习彼得的机智、胆大,不管遇到什么困难都要勇于去面对,都要做一个积极向上的勇敢宝宝。

第38周
第265～266天
绘本

《彩虹兔童谣》第二辑

打开嘴巴，叫醒耳朵，舞动起来吧

说到"童谣"，大家的印象都是在孩子口中传唱的、没有乐谱、音节和谐简短的歌谣。其实不止这些，童谣一般都诙谐幽默、音节和谐、形式简短，读来朗朗上口，所以特别适合作为孕妈妈的胎教素材。宝宝出生后，在牙牙学语的阶段也特别适合学习童谣。

今天为孕妈妈推荐一套童谣绘本《彩虹兔童谣》第二辑，内容全部是英美传唱数百年的经典童谣。这套书中有6册童谣绘本，6册故事绘本，如果家中有毛毛虫点读笔的话，每一首童谣都有演唱、朗读、跟唱等多个版本。

离临产越来越近了，孕妈妈不妨让自己放松下来，选择一个舒服的姿势，精力集中，吐字清晰、绘声绘色地为胎宝宝读读童谣、讲讲故事，对宝宝出生后的语言发育很有帮助。宝宝出生后，也可以用这套绘本中的童谣和故事来"磨耳朵"，从小就开始英语启蒙。

第39周 第267天 文学

晏几道《临江仙·梦后楼台高锁》
句句景中有情

今天欣赏一首词——《临江仙·梦后楼台高锁》，作者是北宋著名词人晏几道。说起晏几道，我们很容易会联想到另一位著名词人晏殊，没错，他们两个确实有联系，晏几道是晏殊的第七个儿子。晏几道的词风和晏殊的词很像，甚至略胜一筹。让我们来感受一下。

梦后楼台高锁，酒醒帘幕低垂。
去年春恨却来时，落花人独立，微雨燕双飞。
记得小苹初见，两重心字罗衣。
琵琶弦上说相思，当时明月在，曾照彩云归。

从梦中醒来，只见高高的阁楼上，大门紧锁，我的酒意也消退了，只见眼前的帘幕，安静地垂着。去年春天的情意又涌上心头，在纷纷扬扬的落花中孤独地站着，一对燕子在蒙蒙细雨中飞舞着。

记得第一次见到小苹时，她穿着两层的锦衣，纤纤细手轻弹着琵琶，诉说着心中的相思情。那天的月亮非常明亮，她像一朵彩云翩然离去。

这首词读起来给人一种仙飘飘的感觉，词风非常含蓄，但感情却很真挚，说它字字关情也不为过。词中的美人到底是谁呢？据说是一位歌女，专门来弹唱作者的词作的。

第39周的胎宝宝

恭喜孕妈妈顺利进入第39孕周，这周胎宝宝身长大约50厘米，体重有3200克左右，只要一天不出生，宝贝就会多长一些肉肉，这些肉肉可是大有用处哦，它们是宝贝出生后进行体温调节的基础。

轻喜剧片《与玛格丽特的午后》
不抱怨、不愤恨、平静地接受一切变化

今天为孕妈妈推荐一部法国轻喜剧片《与玛格丽特的午后》。这是一部非常暖心的电影，法国电影在人文电影的领域一直佳作频出。

该片的故事简单、平实。一个名叫热尔曼的男人，一个不识字的大老粗，在公园里遇到了一个喜欢大声读书的、知识渊博的老太太玛格丽特，两人成了朋友。老太太给他读书，鼓励他读书、识字，引领他逐渐走近文字。

一部优秀的电影总是首先在氛围层面打动观众，这部电影会有这样的画面留在观众的心里：在阳光明媚的公园里，玛格丽特和热尔曼坐在长椅上，玛格丽特为热尔曼读着加缪的《鼠疫》中的一段话，热尔曼像个孩子一样聆听，他们的脚下是一群鸽子朋友，叽叽咕咕地低语。

但是，当我们认真审视整个故事时会发现，这是一个男人疗伤的电影。一个在家庭中受伤的孩子，就算多年之后变成一个老人，他依然活在那个伤害里。童年时，学校老师说他是脑残。他做错事情的时候，凶悍的妈妈说他是个没用的东西。多年之后，他在自己的情人面前也说自己是个没用的东西。他大大咧咧的外表下是从小埋下的自卑。但他并未放弃自己，他在纪念碑上写上名字，像是在向这个世界宣告自己的重要性。他给公园里的每只鸽子都起了名字，每一只他都能认出来。他才是那个知道每一个个体都独特而重要的人。

当代电影里较少有让阅读、书籍、文字、诗等作为重要元素出现的，但这部电影里有。剧中主角看似因为阅读而结缘，实则是因为这位文盲热尔曼在潜意识里一直在等待这样的时刻出现。两人看似都是老年人，实则是一老一少。玛格丽特像个真正的妈妈，而热尔曼直到这个年纪才遇到能打开自己心灵窗户的人。在玛格丽特面前，他就是个需要文化滋养的少年。

李嵩《货郎图》

想把全世界给你

　　总听老人们说，在交通还不发达的时候，偏远的地方是没有商店的，如果想买东西的，只能去远一点的、繁华一些的城镇。而对于出门不便的妇女和儿童来说，游走在各个村落的货郎便成了他们心目中最受欢迎的人了。

　　你看，当货郎挑着满载物品的担子走来的时候，孩子们奔走相告，都兴高采烈地围着货郎担呢。货郎的前方是一位母亲正带着自己的孩子挑选货物；货郎被三个小孩围住，纷纷索要玩具；货郎的后面被两个小孩拉住，仿佛想让货郎停下脚步。

画面右侧还描绘了一位正抱着孩子的母亲，一边伸手打招呼，一边奔向货郎，围在她身旁的两个小孩仿佛正簇拥着她前进；一旁的两个小孩仿佛已经拿到了自己想要的东西，正在大口往嘴里送；最右侧的一个小孩带着四条狗也正在奔向货郎的方向。

画家李嵩借用货郎这一题材真实且生动地展现了南宋市井生活的一角。整幅作品线条细腻雅致、柔韧圆转，准确而又生动的刻画出货郎、妇女、儿童的具体形象，将他们的气质展现得淋漓尽致。尤其将儿童调皮可爱的特点描绘得活灵活现，令人叹绝。

作为孕妈妈在看这幅画的时候是不是也深有体会呀？尤其是在挑选婴儿用品的时候，也是目不暇接，恨不得买下全世界送给肚子里的宝贝，尤其是在不知道宝贝性别的时候，男宝和女宝的东西更是难以取舍吧。

第39周
第272~273天 音乐

古筝曲《高山流水》
冥想美好画面，助宝宝健康降临于世

预产期越来越近，孕妈妈的心情不仅期待宝宝的出生，还会紧张、焦虑，有的孕妈妈甚至还会出现产前抑郁的症状。这个时候坚持音乐胎教，不但让孕妈妈心旷神怡、心情舒畅，还可以改善不良情绪，营造美好的心境，激起你无意识超境界的幻觉。这样的信息还可以传递给胎宝宝，让胎宝宝感受到世界是多么和谐、多么美好。

古筝曲《高山流水》是一首抒发"仁者乐山，智者乐水"意境的音乐。曲中有跌宕起伏的旋律，犹如云雾缭绕的巍峨高山之巅；还有清澈的琴音、活泼的节奏、如歌的旋律，恰似汹涌澎湃、连绵不断的流水，时而余波击石，时而旋洑微沤。

孕妈妈可以闭上双眼静静倾听，乐声袅袅、情深意长又韵味十足。冥想如此一幅美好的音乐画面，会使你心情愉快，也有助于让宝宝健康降临于世。

 第40周 第274天 文学

韦庄《与小女》
爱女之情流于笔端

接下来,我们做最后一次文学胎教,欣赏一首诗——《与小女》。

见人初解语呕哑,
不肯归眠恋小车。
一夜娇啼缘底事,
为嫌衣少缕金华。

我家小女一见到人,就咿咿呀呀地跟人家学讲话,晚上也不好好睡觉,因为她还惦记着白天玩的小车呢!整个晚上都哭哭啼啼的,这是怎么了?原来是嫌她的衣服上少绣了一朵金花。

这个小宝贝真是太好玩了!作者三言两语就把正在咿呀学语的孩童特点描绘得淋漓尽致。学说话、贪玩、爱哭闹、爱漂亮,一个天真可爱的女孩形象立马跃然纸上,作者的爱女之情可见一斑。

孕妈妈的小宝贝也马上要出生啦,记得一定要做个幸福快乐的妈妈哦!

第40周的胎宝宝

哇哦,恭喜孕妈妈顺利进入第40孕周,这周胎宝宝身长大约50厘米,体重有3400克左右,手脚肌肉发达,胸部变得更突出。进入孕期最后一周,孕妈妈需要做住院安排了,住院后医生会给做一个评估,看看采取哪种生产方式最佳,是顺产还是剖官产,尽量听从医生的建议吧。

第40周
第275天　影视

纪录片《怀胎九月》

祝每一位孕妈妈都平安分娩

今天，为孕妈妈推荐最后一部影片《怀胎九月》，这是一部尼古拉·库克执导的英国纪录片，由英国广播公司（BBC）出品。

我们的生命都开始于一个水的世界，沉浸在温暖的液体中，周围是外面世界的沉闷回响，还有母亲的心跳。

片子从一名英国老年执业医生的观点讲起，他认为一个人未来的健康和出生时候的体重密切相关，其影响甚至超过了生活方式。整部纪录片都在论证这个观点，并举出了一些相当有道理的例子。

印度某个地区的村庄，村民对健康的生活习惯非常重视。然而，却有很多人患上了通常只在不健康的肥胖人群中出现的糖尿病。很显然，生活方式与这个病并不是必然相关的。专家们在印度的某个医院确立了一个项目，从婴儿期开始跟踪一个人的体重，一直到成年。经过长达数年的研究，他们发现，出生时的体重跟胰岛素抵抗性之间有关：出生时体重低的人具有胰岛素抵抗性，随着年龄增长，他们血液中的葡萄糖含量开始增高，这意味着他们患糖尿病的概率比体重正常的婴儿高。

纪录片介绍了这一理论在普通人中间引起的争议，大多数人并不赞同这个理论。

本片中还提到，健康并不仅仅包含了疾病的问题，还包含性格。纪录片介绍的一项研究表明，胎儿在妊娠期内就已经有不同反应，这是未来性格的核心因素。人从出生的那一刻起，未来的健康、幸福和性格或许就部分注定了。

纪录片中还介绍了很多科学知识，总之，怀胎十月是每一个生命的重要阶段，期间的每一分钟、每一小时，都在发生着孕育和变革，因此我们才成为如今的样子。

最后，祝每一位孕妈妈都平安分娩，祝每一个新生儿都健康。

达·芬奇《蒙娜丽莎》
时间仿佛悄然静止

蒙娜丽莎是谁？目前最为大家接受的说法是意大利佛罗伦萨富商弗朗切斯科·德焦孔多的妻子。

让我们走近这个小小画框里的她吧。

面对这幅画，你会隐约感到她在微笑，但仔细看时笑容就消失无影。达·芬奇历时4年，整幅画融合了共40层超薄油彩，才使她的微笑里包含了厌恶、恐怖、喜悦、愤怒等一切人性微妙的情绪。

在她的身后，微光洒在远处的山脉、小径、石桥、岩石、河流上，焕发出幽蓝的光晕，像是月光洒在干净的大自然景致里，和谐而安宁。蜿蜒的小溪里流水潺潺，变成了一条飘逸的发带，掀去观者在凡尘中日渐疲惫的心绪，又使端坐于前的蒙娜丽莎形象更加突出。

在与时光的对望中，历史偷偷换走了画中最初的颜色，画面如今呈现的深绿色背景，乃是油墨颜色在500年的岁月中沉淀的结果。

谁能读懂她那温柔端坐的姿态里隐藏着一种燃烧灵魂的火焰呢？它或许不愿在狭隘的躯壳里停留，所以她透过迷人的双眼、神秘的微笑，穿越时空的限制，对观者做出了幻想与憧憬的现实邀请。

当画中人成了时间里的人物，就如同背景中的山川流水，蜿蜒流淌而又悄然静止。孕期不知不觉进入最后一周，请孕妈妈安静下来，细细品味最后的孕期时光吧。

第40周
第277～278天 音乐

脍炙人口的儿歌

节奏轻快，充满童趣

今天继续为孕妈妈推荐充满童趣的儿歌，来缓解孕妈妈临产前的紧张与压力。

《宝贝宝贝》是一首最近很流行的儿童歌曲，常作为儿童舞动曲目。歌词很励志，不仅表达父母对宝宝的爱，还鼓励他做一个勇敢的宝宝。

《彩虹的约定》是一首很美好的儿歌，歌词中拥有着浓厚的祝福和希望。孕妈妈多听听，多唱唱，期待宝宝平安到来并长大，充满希望地迎接未来吧。

《三只小熊》是一首来自韩国的儿歌，节奏轻快，歌词朗朗上口，深受国内宝宝的喜爱。歌曲中的熊熊拥有爸爸、妈妈的爱，一家三口是幸福的一家人。宝贝健康快乐地长大，是每个家庭希望和羡慕的生活吧。

随着预产期的临近，音乐胎教的旅程也要结束了。最后，祝愿每一位伟大的孕妈妈平安、顺利分娩。

第40周
第279~280天 绘本

故事绘本《我们明天见》

与胎宝宝来一个"明天见"的约定

今天为孕妈妈推荐的绘本名叫《我们明天见》（上海文化出版社），作者是日本的井上小鸟。

森林深处有一片小小的沼泽，没有人陪它说话、玩耍，寂寞极了。好不容易来了一只歌喉动听的小鸟，它却因为天黑了要回家。沼泽不想再孤孤单单了，它要让小鸟和其他小动物们永远陪在身边。于是，它在水面幻化出动人的景象，小动物们一个个受到诱惑，跳进水里……

有一天，一个小女孩出现了，她因为好奇而闪闪发亮的眼睛打开了沼泽的心扉。小沼泽在与小女孩的相处中感受到了从所未有的快乐。当小女孩要与沼泽道别的时候，它该怎么做才能永远留下小女孩呢？

"明天见"仿佛是一句带有魔力的话语,让一切不舍、悲伤都暂时缓和下来,转化成了对再次相见的期待。

孕妈妈马上就要与宝宝见面了,也许就是明天,不妨大声把这个故事读出来,想象与宝宝见面的场景,"明天见"吧!